Parent
Training

むずかしい子を育てる

ペアレント・トレーニング

・著・
野口啓示

・イラスト・
のぐちふみこ

Parent
Training

親子に
笑顔がもどる
10の方法

明石書店

はじめに

親子関係のバッドサイクルから笑顔がもどるグッドサイクルへ

現代ほど、親が子どものしつけに悩む時代もなかったと思います。子どもの問題がどんどんむずかしくなり、親は自分の行うしつけに自信がもてなくなってきています。また、児童虐待のニュースが連日のように報道される中、「自分のしているしつけは虐待では?」と不安になることもあります。この本は筆者が紹介したアメリカ生まれのペアレント・トレーニングを日本流にアレンジしたものです。ここでは、子どもをうまくしつける10の方法を紹介します。

この本を手に取った人に共通するのは、きっと「もっとうまく子どもをしつけたい」という気持ちでしょう。そしてこのうまく子どもをしつけたいという気持ちは親の愛です。「しつけとは何ですか」と聞かれたとき、いろいろな答えが浮かぶでしょう。筆者は、最近では、「しつけとは何?」との答えに、「しつけとは親の愛情を伝える方法です」と答えています。でも、時によっては、親が愛情を子どもに伝えるのがむずかしくなるようです。しつけには、子どもの成長に悪い影響を与えてしまうものと、子どもの成長に良い影響を与えるものの2つがあることがわかってきました。子どもの成長に悪い影響を与えてしまうしつけの行き過ぎた例が虐待なのですが、虐待でも、親が子どもを愛していないのかというと、そうではありません。親が子どもを心配するあまりしたことが行き過ぎて虐待になってしまうことのほうが多いのです。この本では、子どもの成長に良い影響を与えるしつけをするための10の方法を紹介します。この本の特徴は具体的なしつけの方法を紹介していることです。

私は、神戸少年の町という児童養護施設でたくさんの子どもたちの養育をしながら、効果的なしつけの方法をさがしてきました。そんなときに出会ったのが、アメリカで作られたペアレント・トレーニングでした。

この本はアメリカのものを日本に合うようにアレンジしたものです。日本の児童養護施設で、たくさんの子どもを養育してきた経験と、最新の科学的な方法を加えて、作成しました。ここで紹介する方法は、私自身も使ってみて効果があると実感できるものだけを集めました。ぜひ皆さんも、子育てに使って、その効果を感じてください。

バッドサイクルからグッドサイクルへ

「しつけとは親の愛情を伝える方法です」と書きましたが、ではどのようにすればよいのでしょうか。「しつけには、子どもの成長に悪い影響を与えるものと、良い影響を与えるものがある」と書きました。ここでは、もう少しこのことについて説明します。

子どもの成長に悪い影響を与えたいと思い、しつけをする親はいません。しかし、結果的に子どもに悪い影響が出てしまう場合があります。その最たる例が虐待なのですが、では、なぜ子どものことを思ってしたしつけにより子どもに悪い影響が出てしまうのでしょうか。子どもに悪い影響が出てしまうしつけとは、多くの場合、叩いたり、怒鳴ったりといった罰を伴うしつけです。これらのしつけは、子どもに、してはいけないことを伝えるというより、子どもに親は怖いといった恐怖心を伝えてしまうようです。そして、そのことにより、子どもの成長に一番大事な親子関係にダメージを与えてしまうのです。

親子関係が悪くなると、それだけ親の愛情が子どもに伝わりにくくなります。つまりは親と子のコミュニケーションがむずかしくなるのです。親と子のコミュニケーションが悪くなると、親の指示がうまく子どもに伝わりにくくなるので、子どもは親が何を求めているのかがわからなくなり、その結果、子どもの問題行動は増加してしまいます。そして、その状況は親の苛立ちを強め、罰を伴うしつけを生み出しやすい状況を作ります。その結果として使われた罰は親子関係にダメージを与えます。さらにその親子関係のダメージは親と子のコミュニケーション不良の状況を生み出すという連鎖を引き起こします。それを図に示したのが、罰を伴うしつけが生み出す親子関係のバッドサイクルです（左図参照）。このサイクルになると、親も子も引けなくなるのが悲しいところです。そしてこの状況では、親は子をかわいいと思えなくなり、子は親を怖い存在だと感じてしまいます。そしてこの親子関係が子どもに与えるのは、自分

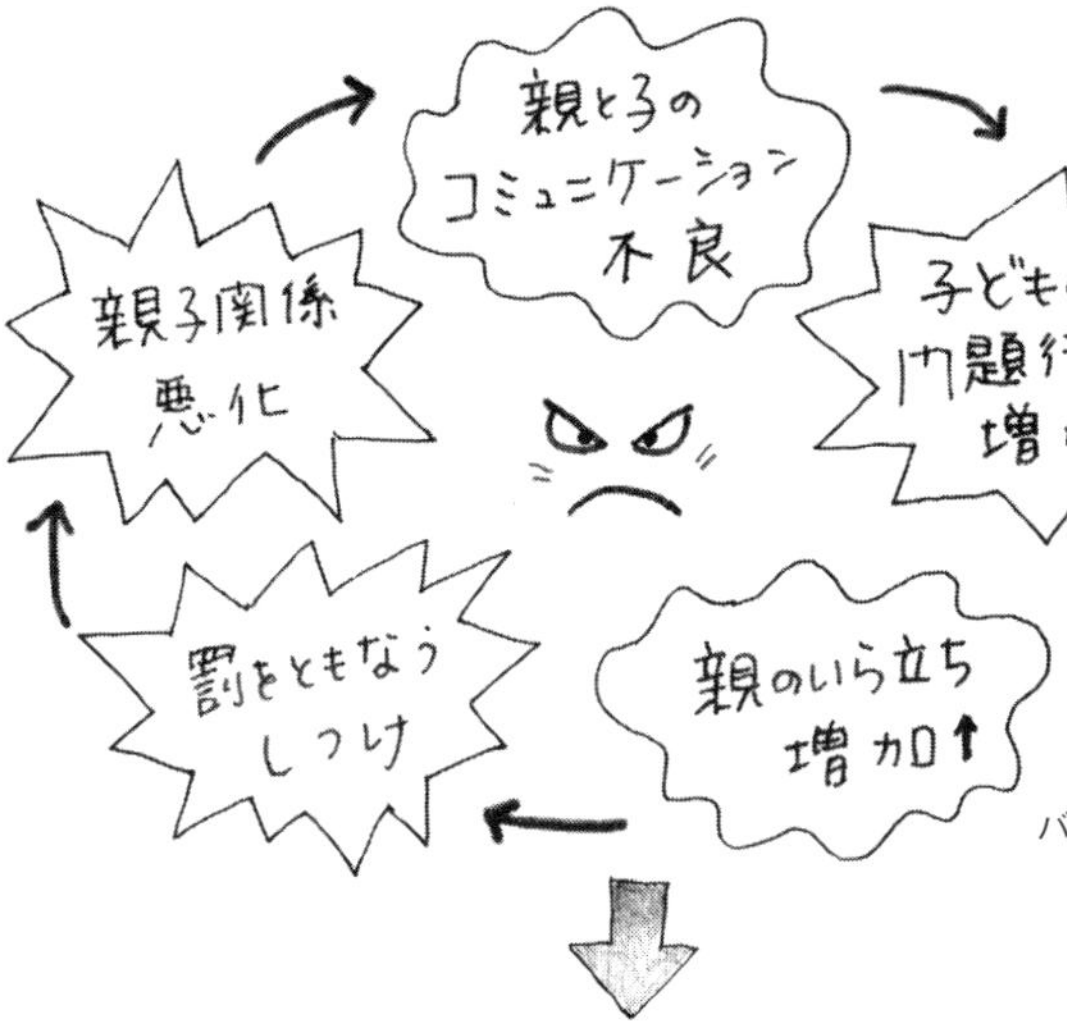
親と子の
コミュニケーション
不良
子どもの
問題行動
増加↑
親のいら立ち
増加↑
罰をともなう
しつけ
親子関係
悪化

バッドサイクル

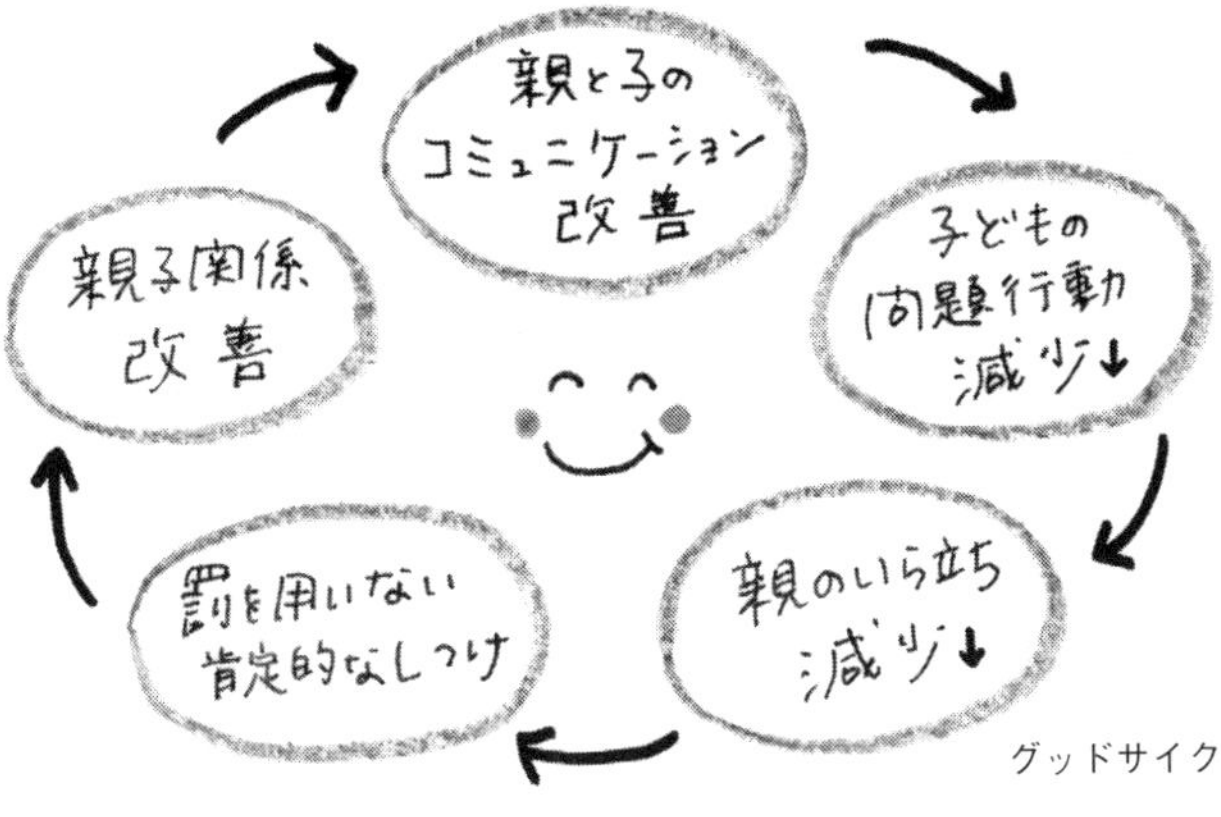
親と子の
コミュニケーション
改善
子どもの
問題行動
減少↓
親のいら立ち
減少↓
罰を用いない
肯定的なしつけ
親子関係
改善

グッドサイクル

はダメな子だというコンプレックスです。

お父さんやお母さんの多くは、バッドサイクルを見て、ドキッとします。そして、言われます。「ダメだとわかっているのですけど……」。そうなのです。このサイクルがはじまると、抜け出すのはなかなかむずかしいのです。一つには、子どもの問題行動が起こった状況というのは、親の苛立ちを増加させる、つまりはストレスが高い状況になります。そして、そのとき叩いたら子どもが言うことを聞いたとなると、親の叩くといった行動は強められます。それは、子どもが親をてこずらせるというストレスの高い状況から解放されるからで、親は罰を伴うしつけを安易に用いやすくなります。

笑顔がもどるペアレント・トレーニング

では、どうしたらいいのでしょうか。ここで目指すのは、バッドサイクルの下に示したグッドサイクルの実現です。親子関係のグッドサイクルはバッドサイクルの逆です。親が子とうまくコミュニケーションできる方法を身につけることにより、子どもの問題行動を減少させ、そのことにより親の苛立ちが少なくなり、その結果、適切なしつけを用いられるようになり、親子関係が改善され、その状況がより良い親子のコミュニケーションを強めるといったものです。

この本では、適切なしつけの方法を紹介するとともに、親と子がうまくコミュニケーションできるようになる方法も紹介しています。ここでは、10の方法を紹介します。これら10の方法は、きっと皆さんの親子関係にグッドサイクルを実現させるでしょう。

親子関係のグッドサイクルが実現するとき、親にも子にも笑顔がもどります。子どもがかわいいと感じ、そして親を楽しめるようになるのです。

人生いろいろです。そして親子関係もいろいろ、子どももいろいろです。時間はかかるかもしれませんが、いっしょにがんばっていきましょう。

もくじ

1　わかりやすく伝えよう
具体的な言い方のすすめ

親の思いが子どもにうまくキャッチされれば、子どもとの関係はうまくいくはずです。親の思いがうまく子どもに伝わり、親も子どものサインをうまくキャッチできている状況とは、親子関係にグッドサイクルが生まれている状況です。でも、一度バッドサイクルが生まれてしまうと、お互いのサインをキャッチすることができなくなるのです。このように親の思いがうまく伝わっていないなと感じるとき、まずやってもらいたいのが、わかりやすく伝えるためのちょっとした工夫です。

子どもたちに何かを伝えようとするとき、どのような言い方をしているのかを少し考えてみましょう。

今からレストランに行くとします。前回の外食では、子どもは走りまわり、さんざんでした。もう行きたくないと思ったものです。でも、外で食事をするのは、親にとっても楽しみなことです。行く前に、子どもに言ってきかせたいと思います。どのように言うでしょうか。

「今からレストランに行くから、ちゃんとしているのよ」
「今日はいい子にしていてね」

この表現が浮かんだ方、要注意です。「ちゃんと」や「いい子」という言い方は便利で、よく口から出ます。でも、この言い方で、親のしてもらいたいことが子どもに通じるでしょうか。

これらの言い方が便利なのは、親は「ちゃんと」や「いい子」という親のイメージを子どもに言っているつもりになれるからです。でも、子どもにとってはどうでしょうか。これらの言い方で、親のしてもらいたいことを理解するのはむずかしいと言えます。

では、どうしたら、いいのでしょうか。

「ちゃんと」や「いい子」といった あいまいな言い方から具体的な言い方へ

ここでは、言い方を変えてみるという方法を紹介します。

いつも使ってしまう「ちゃんと」や「いい子」といったあいまいな言い方をやめ、より具体的な言い方に変えるだけで、段違いに子どもに伝わりやすくなります。それは、子どもにも何をすべきかがはっきりするからです。

「レストランで、ちゃんとする」というのは、「レストランでは走りまわらないで、座って食べる」ということかもしれません。ここでのポイントは、具体的にしてほしい行動を伝えることです。

では、行動とはどのようなものなのでしょうか。それは、人が動作したり、表現したりすることです。そして行動とは、具体的に見たり、聞いたり、数え

具体的にわかりやすく伝える！

"来客編"
ちゃんとしなさい!! ママはおかしいでしょう!!
お客さんが来てるときは、こんにちは とあいさつをして おへやに入ってね
"買物編"
スーパーできょうは いい子にしててね!!
イエ〜イ
おうちにアイスクリームがあるから、きょうはオヤツはかわないよ！ かってーかってーって言わないでね！
ハーイ
よし!! ちがう言い方をしてみよう!!

たりができるものです。
では、あいまいな言い方と具体的な言い方の違いを見てみましょう。

あいまいな言い方…「おでかけのときは、ちゃんとするのよ」
具体的な言い方…「おでかけのときは、迷子にならないように、ママのそばにいるのよ。おててをつないでおきましょう」

あいまいな言い方…「いい子にしててと言ってるでしょう」
具体的な言い方…「順番は守ろうね。ブランコに乗りたいのなら、ここに並ぶのよ」

このように比較して書いてみると、違いがわかっていただけると思います。

では、次の例はどうでしょうか。

あいまいな言い方…「幼稚園のおゆうぎ、ほんとうによくがんばったね。お父さん、うれしいよ」

具体的な言い方…「幼稚園のおゆうぎ、ほんとうによくできていたよ。先生の言うことも聞けていたし、並ぶこともできたし、大きな声も出ていた。今日みたいにできるんだから、いつもしないといけないよ。今日みたいにできていたら、先生もほめてくれるし、友だちもすごいなと思ってくれる。今日みたいに、やる気をもって、やるんだ。わかったか……」

あれあれあれ、具体的な言い方のお父さんは、思いが強すぎて、途中から説教になっています。お父さんの思いはわかりますが、長くなってくると、わかりやすさより、くどさが目立ってきます。ここでのポイントは「簡潔に」「具体的に」です。では、子どもにわかりやすく伝えるために、私たちができることを、もう少し紹介します。

ダメ! ダメ! と言っていませんか

ここではまず、マンガ（22頁）を見てください。NGのところでは、母親は「妹の物とったら、ダメでしょう」や「宿題もせずダメでしょう」とダメなことは言っていますが、でも、子どもたちにしてほしいことを言っていません。親からすると、あなたがすべきことはわかっているでしょ、ということかもしれません。

でも、子どもは子どもですから、ほんとうにわかっていないことも多いのです。こういうときも、具体的な言い方で話すことにより状況を変えることがで

―「ダメ！ダメ！」って言ってませんか？―
妹の物とったらダメでしょう!!
NG ↓ OK
使いたいときは妹に使っていいかきこうね！
宿題もせずダメでしょう!!
NG ↓ OK
学校から帰ってきたら、すぐに宿題をしようね！
『ダメ！』という禁止のことばより
「～しようね！」という
期待を子どもに伝えましょう。
私もダメママだ……!!

きます。

マンガでは「使いたいときは、妹に使っていいか、きこうね」「学校から帰ってきたら、すぐに宿題をしようね」と言っています。これらの言葉には子どもを責める言葉がないので、子どもも意地を張らずにすみます。

次のマンガを見てください（24頁）。お母さんの気持ちはわかりますよね。でも、この場合も、子どもを責めるような言葉では、なかなか子どもの気持ちは切り替わりにくいということも私たちは経験しています。そして、これら子どもを責める表現は子どもの成長にとって大切な自己イメージを下げ、自分はダメな子どもだというコンプレックスが生まれてしまいます。

この場合も、マンガのお母さんのように、「りっちゃん、そんなふうに足をドンドンさせたり、泣いてたら、ママわからないわ……」と、してほしい行動を具体的に伝えることが、子どもと効果的にコミュニケーションする第一歩となるのです。

ギャー
いつまでも
赤ちゃんみたいに
泣くのはやめなさい!
バカじゃないの!!
NG
↓
OK
ギャー
りっちゃん そんなふうに
足をドンドンさせたり
泣いてたら
ママ わからないわ…

子どもの人格を 傷つける
ことば(バカ、アホ、ブス…など)は
子どもの自己イメージを下げます。
具体的にやめてほしい行動
を 言ってあげてね!!

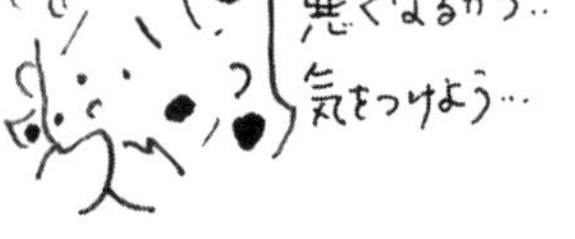
私もイライラしてると
つい口が
悪くなるから…
気をつけよう…

ポイント

ここでは、親の思いを子どもにわかりやすく伝える方法を紹介しました。子どもにしてほしいことを具体的に伝えることにより、子どもにしてほしいことがはっきりとします。あいまいな表現はとても便利な表現ですが、親の感情も入りやすく、場合によっては、子どもを責める表現になってしまいます。

わかりやすく伝えること、それは親と子のコミュニケーションを高め、親子関係のグッドサイクルを実現させるものとなります。わかりやすいコミュニケーションは親の気持ちしだいでできるものです。はじめは子どもから「どうしたの？」なんて言われるかもしれません。でも、きっと子どももうれしいはずです。なぜなら、ほめられることが多くなるからです。まずは具体的にということからはじめましょう。

2 ほめることで悪い面をやっつけよう
良い面を増やして悪い面を減らす方法

ほめることによって、良い面を伸ばして、悪い面をやっつける。簡単そうに見えて、実はなかなかむずかしいようです。それは、子どもをしつけようとするとき、子どもの問題行動にばかり目が奪われ、子どもの良い面を見つけることができなくなるからです。

子どもをほめるところがないという言葉はよく聞かれますが、ほんとうにそうでしょうか。子どもは一日中、ずっと親をてこずらせているわけではありません。案外親の気持ちに沿った行動をしてくれているものです。

たとえば、マンションでは、子どもが部屋の中で走るたびに子どもに注意しないといけません。「何度言ったらわかるの。走ったらダメでしょ」といつも言わないといけなく、疲れきってしまうお母さんは多いものです。でも、よく見ると、子どもは歩いているときもあるのです。そのときがチャンス。ほめるチャンスなのです。

ほめることから生まれるグッドサイクル

私たちはほめられるとうれしくなります。現代では、脳科学の研究もすすみ、ほめられると、脳はごほうびをもらったときと同じような反応を起こすことがわかってきました。このうれしいという体験は、行動を維持するのに大きな力を発揮します。

何か行動を起こしたときにほめられると、私たちはまた同じことをしようとします。それは、行動のあとに与えられる結果が、ほめられるという、非常に心地良いものだからです。そして一種の高揚感があります。これらの結果が行動を維持するのに非常に効果的なのです。

でも、なかなかほめるのがむずかしいなと感じられるかもしれません。ほめようと思っているのに、つい皮肉な言い方になってしまうということもあります。左のマンガのNGのお母さんもほんとうはうれしいのです。でも、つい、このように皮肉な言い方をしてしまっています。皮肉な言い方の問題点は、子どもを責める言葉になりがちで、大切な親子関係を悪くする可能性があることです。子どもに伝わりやすくするには、ストレートにほめるほうがわかりやすいのです。

良い行動を引き出すほめ方のコツ

ここでは、子どもの良い行動を引き出す、ほめ方のコツを紹介します。

子どもはほめられるとうれしくなるので、まずはほめることを意識するだけで十分とも言えるのですが、次のステップを踏むことにより、効果を上げやすくなります。

皮肉なほめ方してませんか？
うん♪
オモチャ
あらっ！きょうは自分でおかたづけできたネ！
NG
OK
あしたアメでもふりそうネ！プッ
えらかったね～♥
へやもきれいになったし こんど、オモチャが出しやすいネ！
お笑い好きで、ついオチをつけてしまう私…
もちろん、生活にユーモアは大切！
しかし…えーかげんにせぇ
もう、ええって!!

①ほめ言葉をかける
②何が良いかを伝える
③理由を説明
④もう一度ほめ言葉をかける

①ほめ言葉をかける

まずは、「うわあ」「よくやったね」「すごい」「えらい」と言った、ほめ言葉をかけます。このことにより子どもの気持ちが高まります。そして、何が良かったのかを考えます。何か良いことをしたその瞬間をとらえて、「えらい」と声をかけることにより、その直前にあった行動とほめられる体験が結びつき、もう一度その心地良い経験をしようと、ほめられた行動は起きやすくなります。

また、このとき、左のマンガのようなしぐさも入れて表現すると効果がアップします。

ほめるしぐさ
イイ子
イイ子！
頭をなでる
スキ
スキ
ギュッ
抱きしめる
スゴイ
スゴーイ！
パチ
パチッ
拍手をする
タカイ
タカーイ!!
たかいたかいをする
ひざにのせる
ちょっと やってみることで
子どもとの関係も 変わる
かもよ！
そういえば
最近してなかった
よし、やってみよう！
etc.

②何が良いかを伝える

具体的にどの行動が良いのかを伝えます。ほめ言葉をかけるだけで十分な場合が多いのですが、何が良かったのかを明確に伝えることにより、子どもも何が良かったのかをきちんと認識することができます。

③理由を説明

ここでは、理由を説明します。理由を説明することにより、子どものやる気を出させることができるのです。子どものやる気ということを考えると、ここでの理由は、子どもの側に立った理由がよいのです。子どもの側に立った理由を考えてください。

でも、いざ子どもの側に立った理由を言おうとしたとき、むずかしさを感じられるかもしれません。

お買い物から早く帰ってこられたので、お母さんは子どもをほめようと思いました。「今日は、お買い物から早く帰ってこられたね」と子どもをほめようとしました。でも、お買い物から早く帰ってきて、良かったと思えるのは誰で

ーほめ方ー
〈子どもの側にたった理由を言う〉
ママ おやすみなさ〜い
わぁ スゴイ!!
今日は約束どおりの時間に
ねる準備ができたネ♥
今日みたいだと…
絵本が2冊よめるよ!
絵本 えらんできてネ♥
ワーイ♪
絵本2冊よんで
ほしいから…
あしたもガンバロ!
ほめるときに、子どもが
"又やろう!"と思えるように
具体的に子どもに
起こってくる 良いことを
言ってあげるとほめ効果UP!!

しょうか。お母さんは思わず、「お買い物から早く帰ってこられて、お母さん助かったわ」と言ってしまいそうになります。それも、もちろん理由の一つです。でも、「早く帰ってこられたから、好きなテレビが見られるよね」のほうが子どもたちのやる気を高めます。

④もう一度ほめ言葉をかける

ここで、もう一度ほめ言葉をかけます。ほめ言葉のサンドイッチです。またこのとき、ごほうびをあげることも効果があります。

この章のはじめで、ほめられると脳の中でごほうびをもらったのと同じ効果があると書きましたが（27頁）、もちろん、言葉だけでも十分です。ここで重要なのは、子どもが良い行動をしたときに、忘れずにほめるということです。

部屋の中で走る子どもを注意するのは忘れないものですが、歩いている子どもをほめることは忘れがちです。「こんなことでほめるの？」と感じることをほめることから、子育てのグッドサイクルが生まれ、そして良い親子関係が生まれます。そして、この良い親子関係が子どもの良い行動を生むのです。

4つのステップを使ったほめ方の例

例1

①ほめ言葉をかける
「みきちゃん、えらかったね」
②何が良いかを伝える
「妹に貸してあげて」
③理由を説明
「そういうふうにゆずってあげるのは、ほんとうにいいことよ。きっとお友だちもみきちゃんのことやさしい子だと思ってくれるようになるし、親切にしてくれると思うよ」
④もう一度ほめ言葉をかける
「うれしいわ」

例2

もう一つの例を紹介します。

①ほめ言葉をかける

「おー、よくできたね。がんばったじゃないか」

②何が良いかを伝える

「宿題をすぐにするのは大事なことさ」

③理由を説明

「これで、ゆっくり遊べるね」

④もう一度ほめ言葉をかける

「ほんとうによくがんばったね。あ、そうだ。ちょっと待って。このメールを書いたら仕事が終わるから、外に出てキャッチボールでもしようか」

最後の例のお父さんは、ちょっとしたチャンスをとらえ、子どもと過ごす時間を得ました。

ポイント

子どもをほめるのはむずかしいことではないはずですが、なかなかできないものです。照れくさかったり、そしてほめることの効果を感じにくいということもあります。でも、確信をもって言えるのは、ほめることによって、子どもの良い面が伸ばされ、その結果、悪い面が減っていくということです。そして、ほめることのもう一つの効果は親子関係が良くなることです。ほめることにより、必ず親子関係が良くなります。子どもをかわいいと思えたとき、親としての喜びが生まれるでしょう。

3　がんばり表を使って子どものやる気を引き出そう

がんばり表を使うことで、うまく子どものやる気を引き出す方法を紹介します。「2　ほめることで悪い面をやっつけよう」で、ほめることの効果を紹介しました。でも、なかなか子どもに変化が見られないと感じ、ほめることへの意欲が低くなりそうになったとき、役に立つのが「がんばり表」です。がんばり表をうまく使うことで、子どものやる気を引き出し、行動を変えることができるのです。

がんばり表が効果があるのは、それは、ほめることを保証するものになるからです。

あるお母さんは、毎朝、幼稚園の用意がなかなかできない子どもを叱って用意をさせていましたが、なかなかうまくはいきませんでした。途中で子どもが泣き出し、すねてしまうのです。そして、あげくのはてには、子どもは「お母さんが怒るから、幼稚園に行きたくなくなった」と言い出しました。そのお母さんが、叱ってばかりの関係をどうにかしたいと思ってはじめたのが、がんばり表でした。はじめは半信半疑だったのですが、がんばり表を作ってからは子どもがすすんで用意をしはじめたのです。それは、がんばり表を作ることによって、これまで叱ってさせるといった親子関係から、子どもががんばり表に○をつけることを応援するという親子関係に変化したからです。

具体的な行動を取り上げましょう

がんばり表をうまく使うことのコツは、具体的な行動を取り上げ、子どもに目標をはっきりとさせることです。ここでは、行動を「子どもが喜んでする行動」「ときどきする行動」「ほとんどしない行動」の3つに分けます。

①子どもが喜んでする行動

子どもが喜んでする行動は何でしょうか。これは、もうすでにできている行動で、ほめることができる行動です。

②ときどきする行動

これは、あともう少しでできるようになる行動です。うまくほめることにより、その行動の頻度を上げることができます。がんばり表で取り上げると、急にできるようになったりしやすい行動です。

③ほとんどしない行動

これは、子どもの行動のレパートリーの中にない可能性があります。つまりは、どのようにしたらよいのかを知らない行動です。これらの行動は、まずは親の期待を明確にし、どのような行動かを具体的に教える必要があります。

がんばり表の作り方

では、どのようにがんばり表を作ったらいいのでしょうか。まずは今あげた3つから、行動を具体的に考え、親ががんばり表で取り上げたい行動を選んでいきましょう。そのためには、子どもの行動を観察して、その様子を見ることからはじめていきます。どのような行動を子どもたちはしているのかを見るのです。そうすることにより、取り上げるべき行動がはっきりしてきます。

がんばり表をうまく作るポイントは、「子どもが喜んでする行動」をうまくがんばり表の中に入れることです。必ず、○がつく行動を入れることにより、子どもの達成感が刺激され、他の行動にもチャレンジしようという気持ちが高まります。

そして、どれくらいがんばったら、どうなる、という目標をはっきりとさせましょう。「学校の成績が良くなったら」よりも「毎晩宿題をすませたら」のほうがわかりやすいです。

ー がんばり表をつくる ー

うちの子、いつも オモチャの
お片づけができなくて…。
私も 怒りつかれたワ…

子どもにしてほしいことがある時、それを表にすると、わかりやすく伝えられ、子どものやる気↗を引き出すことができます。

おかたづけひょう
月 火 水 木 金 土 日
オーガンバルゾー!!
1週間に4つ😊がつくと
ピカピカシール★よ
パパにも見てもらおうネ♥

できた時は、子どもがシールをはります。
そして… ほめてあげましょう♥ できない時の✕はなし。
シールがたまると、ごほうびをあげてもいいでしょう。

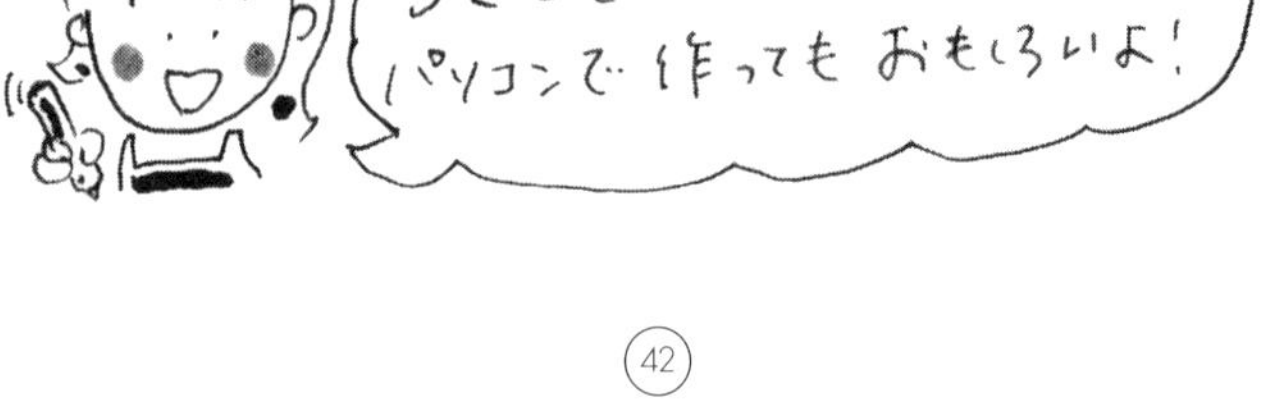

子どもといっしょに作ると楽しいよ!
パソコンで 作っても おもしろいよ!

また、「がんばったら、どこかに行けるわよ」よりも「○が10個たまったら、大好きなアイスを買ってあげる」ほうががんばりやすいと言えます。

できたら、表は楽しいものにし、子どもががんばりたいという気持ちになる工夫があれば、より良いでしょう。また、皆が見られるところに貼ってあげると、見られているという感覚がやる気を刺激します。

がんばり表をうまく使った例

小学校2年生になるしょうくんは、いつも遅刻ばかりです。この状況を変えようと、お母さんはがんばり表を作りました。

母………「しょう、話したいことがあるの。しょうは今週、朝、行くのが遅れてるね。しょうが遅刻しないですむように、できることを提案したいの」

しょう…「うん」

母………「これからお母さんが言うことをしっかり聞いてね。宿題をすませたあと、時間割を合わせて、かばんにもっていくものをつめて、ドアのところに置いてほしいの。そして、このがんばり表で、できたところに〇をしてね。そうすると、忘れなくてすむからね」

しょう…「うん、わかった」

母………「ちゃんと準備がしてあれば、朝早く学校に行って友だちと遊ぶこともできるし、朝から、あれがない、これがないとあわてないですむでしょ」

しょう…「うん」

母………「それにがんばり表の〇が10個になったら、そうねえ、しょうはガチャガチャが好きだったでしょ。ガチャガチャを1回させてあげる。じゃあ、あしたの朝のために必要なものをつめてもってきて」

子どもが、明日の準備をして、かばんをもってきました。

最近、ねぼうして、ちこくばかりだよね…。そうならないように、ママと一緒に、ガンバリ表つくろうよ！
うん おもしろそー！
ハイッ 紙とマジック
しょうくんガンバリひょう
ようび
やることと
月
火
水
木
金
きのう ねた時こく
7じにおきる
朝ごはん
ハミガキ
8じに家をでる
ちこくしなかった
ボクのすきなアンパンマンかいたよ!!
もらえるようにガンバロー!!
ちこくしなかったら だよ。

母………「はい、すべてそろったようね。明日の朝にそなえて、ドアの横に置いとこう」
しょう…「わかった」

ここでは、ごほうび（ガチャガチャ）を効果的に使って、子どものやる気の下支えをしています。

がんばり表がうまくいかないの、どうしたらいい？

せっかくがんばり表を作ったのに、うまくいかないということもあります。がんばり表がうまくいかないときには2つの理由が考えられます。

一つは親の期待が高すぎるときです。そのときは、親がしてほしい行動のレベルに至るまでを小さいステップに分けて、低い目標でがんばり表を作りましょう。また、先にも述べましたが、目標行動を2つ作り、そのうちの一つはできる行動を入れておくと、◯がつきやすく、子どものがんばる気持ちを高めることができます。

うまくいかないもう一つの理由は、子どものやる気の問題です。子どもの目標にあったごほうびを具体的に提示できているほうが、子どものやる気を引き出します。また、子どもにとっては、がんばり表の○がごほうびやほめられることと結びつくということが理解しにくい場合もあります。そのときも、何か簡単なもので成功体験をさせて、本格的な目標に向けて、がんばり表を作りましょう。

子どもによっては、1か月にわたるがんばり表はむずかしいかもしれません。その場合は、1週間や3日間というようにがんばり表の期間を短くすることもできます。

がんばり表をするお約束をしても、目標が達成できず、○がつかずに怒られてばかりだと、がんばれません。成功体験を導けるようにしましょう。

そのためにも、楽しくすることと、約束を守ることが大切です。

がんばり表は、子どもが自分の目標を達成するためにするものです。だから、楽しく行えるようにしましょう。がんばり表に○を記入したり、シールを貼ったりするのが、楽しくなればなるほど、うまくいくものです。ちょっとした進歩をほめていきましょう。

また、約束は守りましょう。

これは、他の問題行動が起こったからといって、○やシールをお預けにするのをやめましょうということです。○やシールは約束した行動に対して与えられるものです。約束した行動をしたのに、○やシールがもらえない状況は、子どものやる気を下げてしまいます。

ポイント

がんばり表のパワーは、子どもにすべき行動を具体的に示すことができる面と、それを忘れずにほめることを保証できる面があります。子どもにも、大人にも、何をすべきなのかを教えてくれるのです。がんばり表をつけ出しても、うまくいかないこともあるかもしれません。そんなときは、うまくいかない理由を考えてください。多くは、親の期待が高すぎることから生まれます。ゆっくり時間をかけていきましょう。あせらないで大丈夫です。

4 前もってのお約束 ころばぬ先の練習

ここでは、何かが起こる前に、前もって子どもたちに言ってきかせる方法を紹介します。つまりは、ころばぬ先の杖です。タイトルでは「ころばぬ先の練習」としましたが、ここでは、練習を使って、子どもにしてほしいことを具体的に伝え、約束することによって、子どもの問題が起こるのを防ぎます。

子どもと買い物に行くと、お菓子を買ってと泣き叫ぶ状況が続いているとします。どうでしょうか。きっと子どもと買い物に行くことを憂うつに感じると思います。

そんなときに使うのが、ここで紹介する方法です。実際に買い物に行く前に子どもにどのようにすればよいかを話し、前もってのお約束をしてから出かけることによって、問題が起こるのを防ぎます。

前もってのお約束なので、問題が起こる前に先回りしています。問題が起こる前なので、子どもを叱る必要もなく、親子関係にダメージはありません。

前もってのお約束を効果的にする4つのステップ

ここでは4つのステップで、子どもと約束をします。

①子どもにしてほしいことを説明する
②理由を説明する
③練習
④お約束

では、ステップの説明をしましょう。

これまでの章で、子どもにしてほしいことを説明することや理由を説明することの重要性は紹介したので、ここでは練習のステップについて説明します。これまでも、皆さんはきっと子どもに言ってきかせようとされてきたと思います。しかし、どうでしょうか。練習のステップを行ったことはありますか。練習のステップはよく抜けます。子どもがもうわかっているだろうと、親は言ってきかせたことに安心してしまうからです。

しかし、練習のステップを使うことによって、大きく分けて2つの効果があります。一つは練習を行うことによって、ただ教えるだけより、子どもが教えられたことをするようになります。

自転車の練習を考えてください。口で説明するよりも、やってみるほうが早く、効果があるでしょう。

もう一つの効果は、親がしてほしいことを子どもが理解しているのかを確認することができます。とくに小さい子どもの場合、できることにデコボコがあります。これができたから、あれもできるだろうと思ったことが、できなかっ

―言ってきかせる方法 その1―

〈練習してみよう！〉

なんど言ってもできないことってありませんか？

練習することで、できる可能性を高めます。

まさくん、今日公園に行ったとき、みっちゃんを押して、泣かしちゃったよネ。ほんとはいっしょにあそびたかったんじゃないの？

うん…

そんなときは、押すんじゃなくて「あそぼ！」って言うんだよ！じゃ、れんしゅうしてみよう！ママがみっちゃんだとすると…

みっちゃん
あそぼ！

いいよ♥

みっちゃんのつもり
言えたネ♥ こんどは言おうネ。

うん!!

ことばだけで説明するより、練習するといいんだ！リハーサルだね！

なんか、おもしろそー♪

たということがあります。

練習により、子どものできることを確認する機会となります。子どもが言われたことができない場合は、①言われたことが理解できていない状況、②実行する力がない状況の2つの状況があります。そのいずれかでも、親は子どもができる範囲を理解し、子どもに具体的に教えていく必要があるのです。

4つのステップで行うお約束の例

例1

3人の子どもをもつお母さんが今から買い物に行こうとします。

①子どもにしてほしいことを説明する

母……「はやと、ふみか、きょうか、急いで。出かける前に約束したいことがあるの。もし何かを買ってくれと言っても、お母さんが『ダメよ』と言ったら、『わかった』と言ってほしいの」

②理由を説明する

母……「お母さんは怒鳴ったり、怒ったりしたくないのよ。早く帰ってきて、何か楽しいことをしましょう」

はやと…「うん」

母……「ふみか、きょうか、いい？」

ふみか・きょうか…「うん」

③練習

母………「そうね、じゃあ一度練習をしておこう。練習をしていたら、お母さんとの約束も忘れないからね。そうね、おやつがほしくなったとしましょう。ねえ、はやと、頼んでみて」

はやと…「お母さん。このおやつ、買って」

母………「きっとお母さんこう言うわ。『ダメ、もうじきごはんだからね』。どう言うの？」

はやと…「わかった」

母………「そうよ。みんなもわかった？　言ってみて」

ふみか・きょうか…「わかった」

④お約束

母………「さあ、行きましょう。ちゃんと覚えててね」

練習をし、子どもにも、具体的なイメージがわいたところで、最後のお約束をします。

例2

では、もう一つ例を紹介します。次の家族では、お父さんが、友だちを叩いた子どもに、どうしたらいいのかを教えます。

①子どもにしてほしいことを説明する

父……「お母さんから聞いたんだけど、りゅうは友だちを叩いたそうだね」

りゅう…「うん」

父……「何か理由があったのかな」

りゅう…「だって、僕が使っていたボールを横取りしたんだ」

父……「そうか。それで、何か言ったの？ 返してとか、やめてとか」

りゅう…「ううん」

父……「りゅうは怒っちゃうと、すぐに叩いたりすることがあるね。今回のも同じなんだけど、相手が悪くても、叩いちゃうとりゅうが悪いということになるからね。気持ちはわかるけど、明日謝ろう」

②理由を説明する

父………「謝ったら、また遊べるから。ケンカしたままだといやだろう。仲良くしたいんだろ」

りゅう…「うん」

③練習

父………「じゃあ、一度練習してみよう。お父さんがその叩いた友だちだと思ってね。明日幼稚園で会ったら、どうする？」

りゅう…「昨日はごめんなさい」

④お約束

父………（笑顔を見せながら）「いいよ、りゅう、よくできたね。明日謝ろうね」

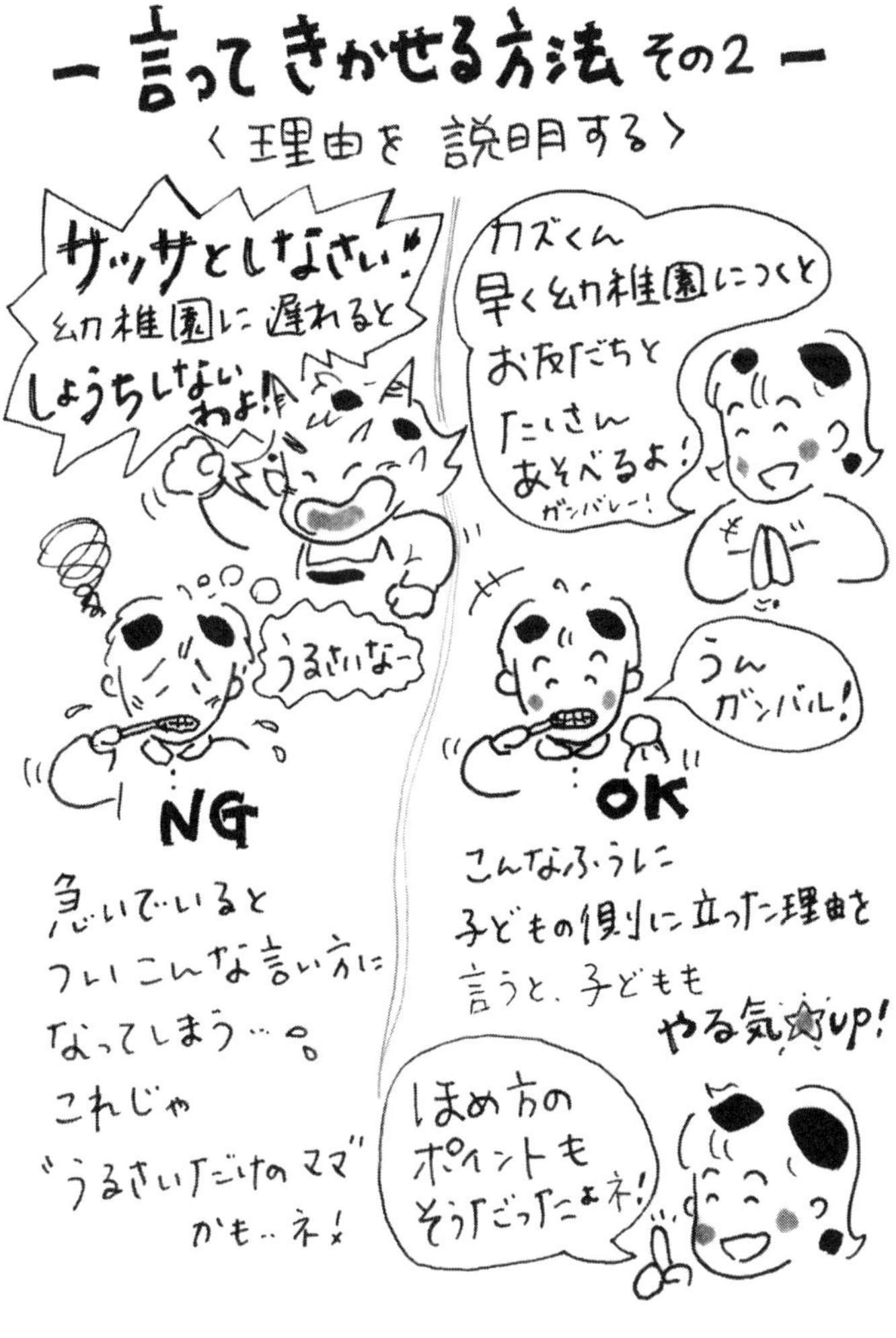
一 言ってきかせる方法 その2 一
〈理由を説明する〉
サッサとしなさい!! 幼稚園に遅れると しょうちしないわよ!!
うるさいなー
NG
急いでいると ついこんな言い方に なってしまう…。 これじゃ "うるさいだけのママ" かも…ネ!
カズくん 早く幼稚園につくと お友だちと たくさん あそべるよ!
ガンバレー!
うん ガンバル!
OK
こんなふうに 子どもの側に立った理由を 言うと、子どもも やる気☆UP!
ほめ方の ポイントも そうだったよネ!

子育てを豊かにする魔法の言葉、共感的表現

例2で、お父さんは良い言い方をしましたね。この会話の中で、ピカッと光るのが、お父さんの「相手が悪くても、叩いちゃうとりゅうが悪いということになるからね。気持ちはわかるけど、明日謝ろう」という言葉です。「気持ちはわかるけど」という共感的表現を使うことにより、お父さんの、子どもに共感し寄り添おうという気持ちが、子どもに新しい行動を身につけようという力を与えるのです。共感的表現の基本形は「○○したい気持ちはわかるけど、……しようね」です。共感的表現は子育てを豊かにする魔法の言葉の一つです。

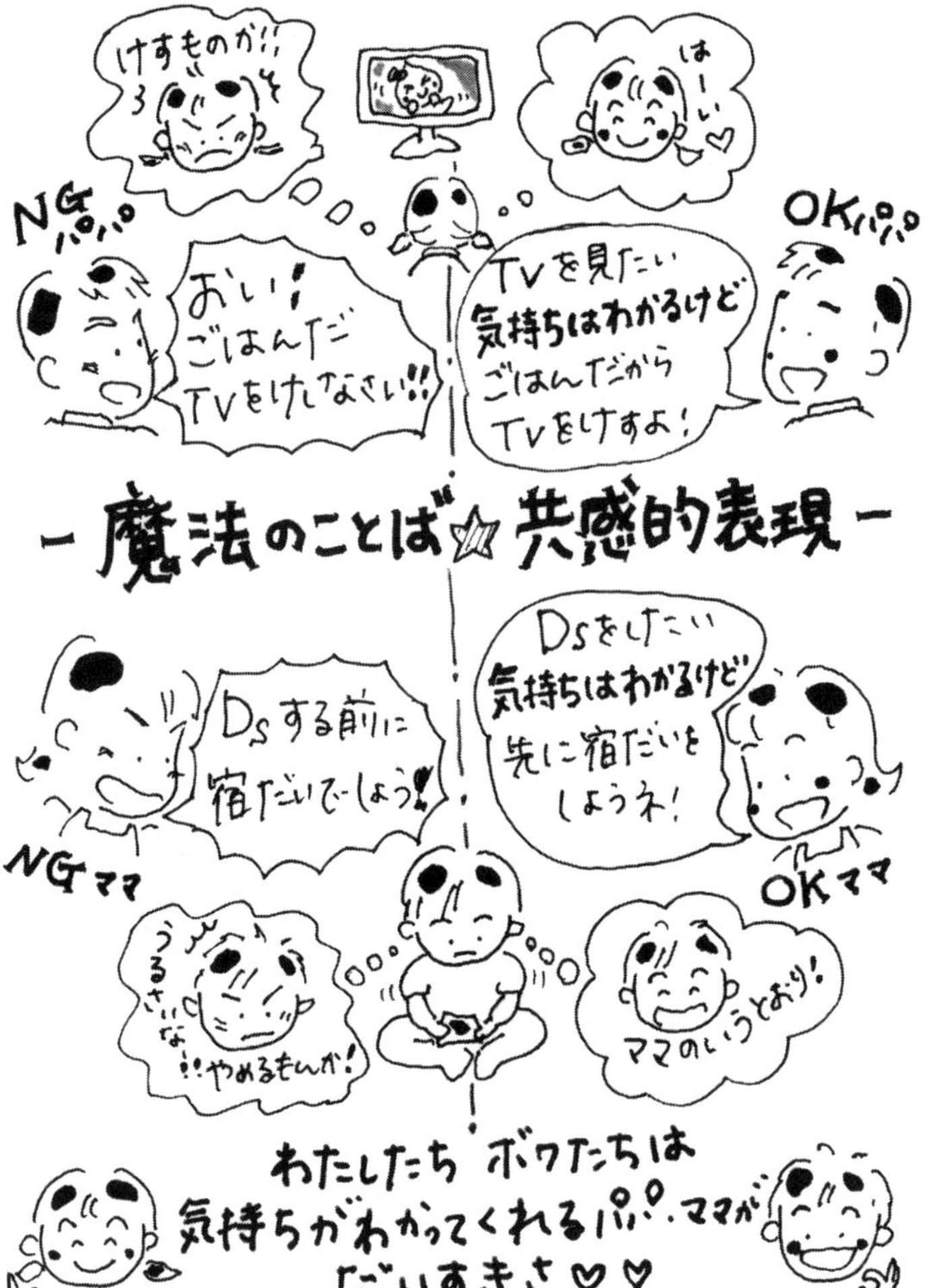
けすものか!! ろ を
はーい♡
NG パパ
OK パパ
おい! ごはんだ TVをけしなさい!!!
TVを見たい 気持ちはわかるけど ごはんだから TVをけすよ!
ー魔法のことば☆共感的表現ー
Dsする前に 宿だいでしょう!
Dsをしたい 気持ちはわかるけど 先に宿だいを しようネ!
NG ママ
OK ママ
うるさいな!! やめるもんか!
ママのいうとおり!
わたしたち ボクたちは 気持ちがわかってくれるパパ、ママが だいすきさ♡♡

ポイント

ここでのポイントは、練習をしたあとに、お約束をするということです。このステップを踏むことで、子どもも何をすればよいのかがはっきりとします。子どもに準備ができるのです。また、練習のステップでは、できるだけ楽しくし、ほめるということを行ってください。そうすることにより、子どもにほめられる経験をさせることができ、行動が起こりやすくなります。

5 まずは落ち着こう

不安感を減らして落ち着きを取り戻すプラン

落ち着いていれば、あんな失敗はしなかったのに。これはよくあることです。あれもしないといけない、これもしないといけないと思っているときの車庫入れなんかは典型的なものです。急いだことがあだとなり、車をぶつけてしまったということはよくあります。

これと同じことが、子育てでも起こります。さあ、出かけようとしたときに、トイレに行きたいと言い出す。そして、トイレを失敗する。時間はなくなる。イライラ感が募ってきます。

また、何度、部屋を片づけなさいと言っても、部屋を片づけないでいる子ども。注意したら、今度はすねたり、泣いたり、どうしたらいいのかわからなくなる。そんなとき、感情的になって、叩いてしまった、ということはよくあります。親子関係のバッドサイクルでも言いましたが、親が叩く前の状況は、非常にストレスが高い状況です。そして私たちは、一刻も早く、ストレスから抜け出したいのです。

でも、叩いて切り抜けたとしても、あとに残るのは自己嫌悪です。このようなことにならないように、落ち着きを取り戻すヒントを紹介します。ここでは、皆さんといっしょに、落ち着きを取り戻すプランを作成したいと思います。

けいちゃん ごはんよ‥
けいちゃん‥けいちゃん!
けいじ!!
ちゃんとしなさい!!
なんど言ったら
わかるの!!!
ア‥またやっちゃった〜。
毎日、パパの帰りは
遅いし‥子どもは
言うこときいてくれないし‥イライラ〜。
そして、怒った後は、自己嫌悪!!

なぜ、頭が真っ白になるの

叩いたり、怒鳴ったりしたとき、頭が真っ白だったと言われることがよくあります。言い訳のように思われる人がいるかもしれませんが、多くの人がそう感じるようです。じゃあ、なぜ頭が真っ白になるのでしょうか。子どもが問題を起こし、親がそれをしつけようとするとき、さまざまな感情が駆けめぐります。

私たちが我を忘れるといった感じになるのは、この状況にうまく対処できないのではないかという不安感のほうが、うまく対処できるといった安心感よりも強まってしまう状況にあるときです。そのため、不安感が大きくなり、一種のパニック状況を引き起こしてしまうのです。そのパニック状況が「頭が真っ白になる」や「我を忘れる」といった状況です。

不安感を取り除くリラックス

では、どうしたらいいのでしょうか。究極のゴールは、さまざまな状況に私はうまく対処できるのだという安心感や自信をもつことです。そうすれば、不安感によってパニックになってしまうということはなくなります。でも、それは簡単なことではありません。まずは、少しでも、不安感を下げることを目標として、できることを計画しておくことです。

不安が高くなる状況では、私たちの体にもさまざまな変化が起きます。一般的に、不安や恐怖を感じると、私たちの体は緊張で固くなり、縮こまってしまうことがわかっています。そして、その体の変化は、気持ちのほうにフィードバックされ、ますます不安を感じていきます。そんなときに、不安感を下げるためにできるのが、リラックスです。不安を感じると、体が緊張で固くなり、縮こまっていることを逆に利用し、緊張で固くなった体をほぐすリラックスをすることにより、この不安感を下げることができるのです。

一般的なのは、深呼吸です。鼻からゆっくりと息を吸い込み、口から吐くことから得られるリラックスの効果は高く、そして簡単にできます。リラックスの方法には、さまざまな方法があると思います。背伸びをするというのも、その一つでしょう。簡単なストレッチもそうです。ここでは、しつけの場面ですので、あまり極端なことをしようとしてもむずかしいです。いくつかの例をマンガで紹介しておきます。

5 まずは落ち着こう

怒りバクハツ前の‥
ー落ち着くヒントー
スー
ハァ
◎水をのむ
ゴクリ
◎深呼吸をする
◎10まで指おり数える
1, 2, 3‥
◎TELをする
◎を見る
…などなど もし、他に
自分がやってることがあれば、
意識をしてやってみて!
行動を起こすことで
脳が刺激されて
気持ちが
変わりやすいんだって!
私もやってみよう!!

落ち着きを取り戻す3つのステップ

では、次に落ち着きを取り戻すための方法を紹介します。落ち着きを取り戻すステップは、以下の3つです。

①状況の整理
②体の変化を察知
③リラックス

①状況の整理

ここでは、どんなときに我を忘れて、後悔するようなことをやってしまったのかを考えていきましょう。状況を整理することにより、原因もはっきりしてきます。これらの原因を知ることは、子どもの問題に穏やかに対処する第1ステップです。では、どのような子どもの行動や態度によって、このような状況が起こるのでしょうか。

例 朝忙しいのに、子どもがなかなかご飯を食べないとき
疲れているのに、なかなか子どもが寝ないとき

②体の変化を察知

不安から、頭が真っ白になるような一種のパニック状態が生じると説明すると、「不安ではないのです。むしろ怒りなのです」と言われる方がいますので、不安と怒りについて、少し説明します。

不安と怒りというのは、まったく違うように感じられるかもしれません。表面的には、不安というと力が弱く、怒りというと強い感じに取られます。しかし、実際には、不安と怒りというのは表裏一体なのです。人は、不安になると、不安を感じる自分がいやになり、なぜ自分が不安を感じないといけないのかと

怒りを感じるのです。怒りというのは、自分を守るための方法のようです。

ですから、ここでの体の変化は、怒りの感情を含む、さまざまな変化ということができます。

心臓がドキドキする、顔が紅潮する、早口になったり大声でしゃべったりする、がまんできなくなる、といったことが含まれます。

③リラックス

落ち着くためにできる行動を考えましょう。いわば自分の中のガスを抜く方法です。先ほど紹介した深呼吸が一般的な方法ですが、他にも、水を飲む、部屋を出る、腰かける、電話をする、イライラすることを紙に書くといったものがあります。少し間をあけ、自分自身を取り戻すためにする行動です。

ここでのポイントは具体的な行動を起こすことです。気持ちを頭だけで切り替えるのは、実は高等なテクニックで、失敗しがちです。

備えあれば憂いなし、落ち着きを取り戻すプランの作成

落ち着きを取り戻すためのプランを作成してみましょう。どのような状況で自分が失敗してしまうのかを整理し、できることを計画しておくことは、成功への第一歩です。ここでは、３つのステップをどのように行うのかのプランを作成します。

以下の（　　　　）を埋めていきます。

①状況の整理　次に（　　　　）が起こったとき、

②体の変化を察知　私が（　　　　）を感じたら、

③リラックス　私は（　　　　）をして落ち着きを取り戻します。

あるお母さんは次のようなプランを作成しました。このお母さんは、兄弟ゲンカをやめさせるのに、いつもお兄ちゃんばかりを怒っていました。お母さん

は、お兄ちゃんの意見も聞かなきゃと思っていましたが、お兄ちゃんが小さい弟を叩くので、瞬間的に怒っていました。この状況を変えるために、以下のようなプランを作成しました。

①状況の整理　次に（**兄弟ゲンカが起こり、弟の泣き声**）が起こったとき、

②体の変化を察知　私が（**もうまたかと思い頭に血が上るの**）を感じたら、

③リラックス　私は（**まず水を飲み**）、落ち着きを取り戻します。

また、子どもが宿題をしないでテレビを見ていると、腹が立って、叩いてしまうのですと話したお父さんは、次のようなプランを作成しました。

①状況の整理　次に（**子どもが宿題をしないでテレビを見ていること**）が起こったとき、

②体の変化を察知　私が（**おなかに熱いもの**）を感じたら、

③リラックス
私は（**ゆっくり深呼吸**）をして、落ち着きを取り戻します。

もう一人紹介します。夜の就寝で怒ってしまうという親は多いものです。何度寝なさいと言ってもおふとんに入らない状況は、親の怒りを引き出します。このお母さんは、次のようなプランを作成しました。

①状況の整理
次に（**夜、寝かせるとき、何度も寝なさいと声をかけているのに、子どもがおふとんに入らない状況**）が起こったとき、

②体の変化を察知
私が（**頭に血が上り、声が大きくなるの**）を感じたら、

③リラックス
私は（**イスに座り、深呼吸**）をして、落ち着きを取り戻します。

このように落ち着きを取り戻すプランを作成していると、落ち着きを取り戻

すための具体的な行動が取りやすくなります。

さあ、自分が失敗してしまう状況を思い出し、ぜひ一度、実際に落ち着きを取り戻すプランを作成してみてください。そして実行してください。

でも、「せっかく作ったのに、失敗してしまった」ということもあるかもしれません。根気よくがんばっていきましょう。

ポイント

落ち着きを維持することは簡単なことではありません。きっと全世界の親が、落ち着いていたらと後悔する経験をもっていることでしょう。ここで紹介した方法を使って、少しでも、失敗を減らしましょう。そして、失敗したときは、後悔するだけでなく、自分自身をよしよしと受け入れ、励ましてください。きっと次回はうまくいきます。

6　行動を分析しよう

いよいよ、子どもの問題行動を直接変える方法に入っていきます。ここでは、まず子どもの問題行動を分析する方法を紹介します。はじめに行動に注目します。行動を分析することにより、行動がどのような要因で維持されているのかがわかり、行動を変えるためにすべきことがはっきりします。

でも、行動を分析？　なんだかむずかしそうですよね。でも、ゆっくりやっていくと、そうでもありませんし、だんだん分析するのが面白くなってきます。

このとき必要なのは、子どもの問題行動が起こった前後の状況を観察し、何が起こっていたのかを見ることです。

ここでは、子どもの行動のみに注目するのではなく、行動が起こったのはどのような状況だったか、そしてその行動の後に、どのような結果になったのかといった一連の行動のつながりに注目します。図を描くと下記のようになります。

状況（刺激）

子どもの行動が起こる前の状況はどんな状況だったのでしょうか。まずはこの問いからはじめます。この状況がはっきりすれば、どんなときに気をつければいいのかがわかります。行動には、それを引き出す刺激があります。たとえば、針が指に刺されば、とっさに指を引くでしょう。これは当たり前だと思われたかもしれ

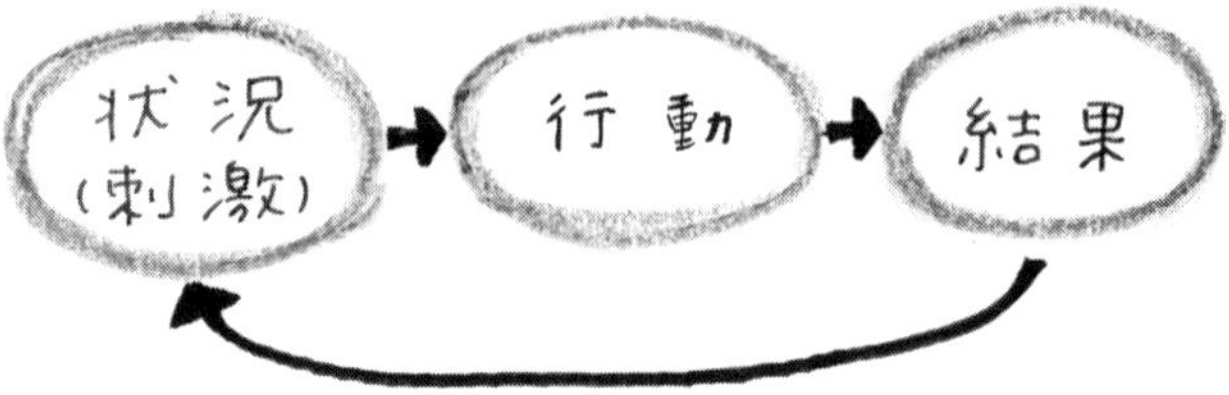

行動を維持するメカニズム

ません。でも、同じようなことが日常生活では起こっているのです。

あるお母さんは、毎朝必ず子どもを怒っていることに気がつきました。朝は時間がありません。焦ってしまう気持ちはイライラを生み、そして怒るという行動を引き出していたのです。

また、あるお母さんは、気づきました。お父さんがいるときにかぎって、子どもが言うことをきかないので、怒っていることが多くなっていたのです。では、なぜでしょう。実は行動のあとに起こる結果と結びついて、行動が維持されるのです。

結　果

行動のあとには結果があります。そして行動のあとに起こる結果により、行動が起こりやすくなったり、起こりにくくなったりします。たとえば、お父さんがいるときに、子どもが言うことをきかないということがあったとします。その状況を詳しく見てみると、お父さんは子どもに言うことをきかせるために、子どもの欲求に応えてしまっていることがわかってきました。

たとえば、ごはんなので、お母さんがテレビを消しなさいと言ったとしましょう。そして子どもはテレビを見たいとだだをこねます。するとお父さんはこう言いました。「もうわかった、わかった。うるさい。テレビをつけていたらいいじゃないか」

また、あるときは、子どもがおやつを食べたいと、ぐずっていました。お母さんは「もうすぐごはんだから、がまんしなさい」と言っていますが、子どもはぐずるのをやめません。すると、お父さんが「おやつぐらいいいじゃないか。もう、うるさい」と言って、おやつをあげてしまいました。

この子どもの、だだをこねたり、ぐずったりしたあとに与えられたもの、具体的には「テレビをつけたり」「おやつを与えたり」というのが結果です。だだをこねたり、ぐずったりしたら、自分の欲求がとおる状況なら、子どものだだをこねたり、ぐずったりといった行動は強められるのがわかってもらえると思います。

行動は、行動のあとに起こる結果により、それが起こる確率が強められたり、弱められたりするのです。

前記の例では、お母さんの言うことをきかないという子どもの行動は、お父さんが与えてしまう結果（子どもの欲求に応えること）により維持されていることがわかってきます。

行動を分析するために

行動を分析するために、以下のことを考えましょう。

①子どもの行動の起こる前の状況はどのようなものだったでしょうか

いつどこで起こったのでしょうか。また、どのようなことを子どもに言いましたか、もしくは頼みましたか。

②子どもの行動はどのようなものですか

ここでは、子どもの行動を具体的に表現してください。子どもの行動を具体的に表現することにより、子どもの問題が何なのかがはっきりします。

③そしてどのような結果が与えられましたか。もしくは起こりましたか

子どもの行動のあとに起こった結果をはっきりさせます。行動は、この結果により強められたり、弱められたりします。子どもの行動をなくすために親がとった行動が子どもの問題行動を強める原因になっていることもあります。

では、いくつかの例を紹介しましょう。

例1

①状況（刺激）

朝、幼稚園に登園する前に、おもちゃで遊んでいたので、制服に着替えるように言った。

②行動

床を踏み鳴らし、「遊びたい」とわめいた。

③結果

部屋まで抱っこしていき、着替えるのを手伝った。

例2

①状況（刺激）

夕食前にテレビゲームをしていたので、「消しなさい」と言った。
②行動
テレビゲームを続けたいと怒り出した。
③結果
叩いて、そのまま放っておいたが、罪悪感から、食事のあとおやつを与え、テレビゲームをさせた。

例3

①状況（刺激）
スーパーで「おやつを買って」と子どもが言ったので、「今日は買いません」と答えた。
②行動
床に寝転び、「買って、買って」と叫んだ。
③結果
根負けして、買った。

これら3つの例のように、はっきりと状況を整理することはむずかしいかもしれませんが、状況（刺激）・行動・結果のつながりを意識することにより、行動が維持されている原因を探ることが可能となります。

実際に行動を変えるため

では次に、実際に行動を変えるために、どのように結果を使うのかを考えていきましょう。ここでは、良い結果と悪い結果という2種類の結果を使って、行動を変える方法を紹介します。まずは、望ましい行動を増やす良い結果を紹介します。

良い結果

良い結果とは、子どもが好きなもの、そして、それをもらうための意欲をかき立てるものです。つまりは、子どもが「良かった」と思えるものです。これまではこの良い結果をごほうびと表現してきました。

6 行動を分析しよう

「宿題をして、ほめられた」「がんばり表に10個◯がついたので、お母さんと約束していた、ガチャガチャをさせてもらった」といったものです。

何かしたあとに良い結果をもらうと、その行動は起こりやすくなるのが大前提です。もし行動が起こらないなら、親が思う良い結果が子どもにとっての良い結果になっていない可能性があります。子どもの行動を変化させる結果は、子どもにより違います。どのような結果が効果的でしょうか。結果ワークシート（86頁）から考えていきましょう。

良い結果を使うときのポイントは、問題行動の反対の行動を良い結果でもって強めることです。たとえば、いつも兄弟ゲンカばかりでいやになっているとしましょう。この場合、兄弟が仲良く遊べているときに、良い結果を与えます。つまりは、仲良くしている行動をほめるのです。これは、結構忘れがちです。仲良く遊ぶだとか、宿題をするだとか、部屋の中で歩く、といった行動は、当たり前の行動で、親がほめる行動だとは思いにくいからです。良い結果は効果的なほめ方やがんばり表を使って行います。

結果ワークシート

◉活動 問 子どもが喜んですることは何ですか？

（例．キャッチボール、マンガ、TV、DS、クッキー作り…）

◉持ち物 問 どのような物を子どもは欲しがりますか？

（例．ガチャガチャ、カード、マンガ本、服、人形…）

◉特別なイベント 問 どのようなイベントが好きですか？

（例．買物、公園、ドライブ、動物園、映画、釣り…）

◉食べ物 問 どんな食べ物が好きですか？

（例．アメ、ジュース、アイス、ポテチ、ケーキ、カレー…）

◉人 問 子どもはだれと一緒に過ごしたいでしょう？

（例．母・父・祖父母、友人、いとこ、先生…）

◉関心 問 子どもはどんな言葉や態度、行動で関心を示してほしいでしょう？

（例．笑顔、ほめる、抱きしめる、一緒にいる…）

悪い結果

悪い結果とは、子どもたちが嫌いなもの、それをしたくない、あるいはされたくないものです。つまりは、子どもが「しまった」と思えるものです。

悪い結果として、よく親が使うのは、「怒鳴る」や「叩く」といった罰ですが、しかし、これらの結果を使っても、行動が減らず、ますます子どもの問題行動がエスカレートすることがあります。悪い結果の前提は、悪い結果をもらうと、その行動が起こりにくくなるということです。親が同じようなことで何度も怒っている状況であるなら、親が思う悪い結果が、子どもの行動を変えるのに効果的な悪い結果になっていない可能性があります。

まず、ここでは、普段私たちが使ってきた悪い結果を思い出して、それらが効果的だったのかを考えてください。多くの場合、「怒鳴る」や「叩く」という結果は効果がないようです。確かに怒鳴られたり叩かれるのを望む子どもはいませんが、暴力的なしつけは子どもにとって「しまった体験」を導くといった教育的な面より、親への怖れや拒否といった感情を育ててしまうことのほうが問題です。

では、どのような結果を使ったらよいでしょうか。ここでは、3種類の悪い結果をすすめます。「特権を取り去る方法」「もう一度させる方法」そして「責任を取らせる方法」です。

①特権を取り去る方法

特権を取り去る方法とは、子どもたちの楽しみに制限を加える方法です。たとえば、テレビのチャンネル争いをする子どもにはテレビを見る時間を減らす、また、友だちのところに遊びに行くことを制限する、という方法があります。また、コラムで紹介する「タイムアウト」も効果的な方法です（93頁）。

②もう一度させる方法

次に紹介するのは、「もう一度させる方法」です。たとえば、子どもが廊下を走ったとします。そこで、お母さんはこう言います。「ちょっと待って。元に戻って。どうするの？　見せてくれる？」と、子どもたちに本来すべきこと、ここでは歩くように促します。子どもたちが元に戻って、廊下を歩くとほめます。もう一度させる方法は、子どもの自由な時間を取り上げているのと同時に、

ー悪い結果（特権を取り去る方法）ー
リモコンよこせよ！
ボクにも見せてよ！
OK
NG
さぁ 約束だ
チャンネル争いをした時は、15分TVを消すよ、どうしたらケンカせずに見れるんだ？
いいかげんにしろ!!
毎日チャンネル争いか!!
ジャンケンホイ！
あいつのせいでゲンコツされた あとでみてろ…
15分したらボクが見るよ！

ーもう1度させる方法ー

本来すべき良い行動をほめて、強められる効果があります。

③責任を取らせる方法

もう一つの方法は責任を取らせる方法です。これは、子どもたちに、してしまったことを償うように努力させる方法です。たとえば、床を汚したので、床を掃除させるというものです。これは問題行動に結びついたものがよく、子どもは問題行動の結果からそうなったのだということを理解しやすくなります。

また、ここでは、できるだけ子どもといっしょにするようにしましょう。子どもといっしょにすることにより会話も生まれ、親子関係が良くなるきっかけともなります。

ポイント

子どもの問題行動を変えるために、効果的な方法として、行動分析を紹介し、そして行動を変えるために使う良い結果と悪い結果を紹介しました。

子どもの生活を、親と子のやり取りから、少し客観的に見ることにより、子どもの行動を変えるのに効果的な方法を探すのが、この方法です。良い結果と悪い結果をねばり強く使うことで、子どもに良い変化が見られるようになります。がんばりましょう。

コラム タイムアウト

ここでは、子どもが泣いたり、怒ったりする状況で、うまくしつけを行う方法として、タイムアウトを紹介します。

子どもにとって、ほんのわずかな時間でも、自由な時間を制限され、一人の時間をすごさなければならないことは大きなしまった体験（悪い結果）になります。この効果をうまく利用したしつけの方法がタイムアウトです。

タイムアウトは、子どもが泣いたり、怒ったりする状況で、これまでしていたことをやめさせ、「イスに座らせる」や「別室に行かせる」ことで、一人になる時間を与えることによって、子どもを落ち着かせ、何が悪かったのかを考えさせる方法です。

泣いたり、怒ったりといった親子間の緊張感が高い場面でこの方法を用いることで、親は怒鳴ったり、叩いたりしなくてもよくなり、親子関係にダメージを与えずにすむようになります。

ただ、多くの子どもはタイムアウトをいやがるものです。そのため、タイムアウトを実行する前には、必ずお約束をして、練習をしておいてください。

お約束で、決めておいてほしいことは、「どんな問題のときに」「どこで」「どれくらいの時間」タイムアウトするのかということです。子どもにお約束させることで、タイムアウトを簡単に実行できるようになります。

「どんな問題のときに」というのは、「おやつがほしいと泣いて、すねてしまったとき」や「ダメと言われて、泣いて、怒っちゃったとき」と具体的に表現しましょう。

　前もって、「どこで」タイムアウトをするのかも決めておきましょう。子ども部屋や応接間といった別室がよいですが、台所のイスやソファや廊下でもよいです。ただ、注意してほしいのは、その場所が安全で、明るく、そして、おもちゃやテレビなどの楽しいものがないという空間がよいです。イスに座らせるなど、静かになりやすいような空間を作ります。

　押入れの中やベランダといったものを思い付くかもしれませんが、押入れや家の外にしめ出すといった方法は、昔から悪いことをしたら押入れや家の外にしめ出すことが行われてきただけに、連想されるイメージも悪く、また不必要な不安を起こさせることにもなりかねません。子どもはよけいに混乱し、パニックになってしまうこともあります。とくに、ベランダは事故の危険もあります。

　また、子どもがお母さんに怒っているのなら、お母さんは見えないほうがよいです。お母さんに、どれくらい自分が腹を立てているのかを見せるために、さらに問題行動がエスカレートする場合があるからです。

「どれくらいの時間」も重要です。基本は年齢分です。4歳なら、4分くらいです。でも、文句を言ったり、泣き叫んだりしているときは、それがやみ、静かになるまで待ちます。

静かになったら、子どものところに行き、何が良くなかったのかを話し合い、次からしてほしいことを話します。ここでは、次からしてほしいことを穏やかにお約束するのがよいでしょう。そして最後に「タイムアウトはおしまい」と言います。

タイムアウトは、子どもの問題行動のあとに使うので、悪い結果として使用されているようにも見えますが、ここで重要なのは、子どもの問題行動を強める原因となっている刺激から子どもを遠ざけるということです。兄弟ゲンカなら、兄弟を離す。お母さんやお父さんに怒っているのなら、お母さんやお父さんが子どもから離れることにより、問題行動が維持される刺激を取り除いています。

タイムアウトを行う前に重要なことは、行動をよく見て分析することです。

タイムアウトを使ったしつけの具体例は「8 危機介入——親子で身につけるセルフコントロール」で詳しく紹介しています（114頁）。

7 怒鳴ったり叱ったりしないで子どもをしつける方法

怒鳴ったり、叱ったりしないで、子どもをしつけたい。これはきっとすべての親の願いです。でも、気がつくと、怒鳴ってばっかりでいやになるという親はあなただけではありません。

怒鳴ったり叱ったりの状況が続いていると、親は疲れてしまいます。もちろん体力的なものもありますが、それよりも心理的なもののほうが大きいようです。

親が疲れてしまうのには、2つの理由があります。一つは、子どもをうまくしつけられない自分はなんて無力なんだという情けなさ、もう一つは、子ども

ダメママ
おこりんぼママ
どりゃ!!!
キレママ
またあんなに怒っちゃった!
不安
こんな自分がイヤになる…。
ス〜
ハ〜
まずは落ち着くための深呼吸!
ヒロくんがイヤだったきもちはわかるけど…. しようね. ………。
だってボクが……。
..うまく伝えることって、むずかしいけれど.
怒らずに、叩かずに、子どものきもちをきいて.
ゆっくり、くりかえし.. 伝えていこう♡
ピ
Peace♥

の問題行動に振り回された結果、カッとなり、思わず子どもを叩いてしまったあとに襲ってくる罪悪感です。この2つの理由に共通するのは、問題行動を起こす子どもをうまくしつけられないことから起こる不安感です。

不安感を軽減する方法は、「5 まずは落ち着こう」の「不安感を取り除くリラックス」（67頁）で説明しました。ここでは、子どもを具体的にどのようにしつければいいのかについて説明します。

この章では、子どもを、怒鳴ったり、叱ったり、そして叩いたりといった暴力的な方法を使わずにしつける方法を紹介します。

怒鳴ったり叱ったりしないで子どもをしつける4つのステップ

ここでは、4つのステップを使います。ここでのポイントは、できるだけ暴力的な方法を避けるということです。

①共感的な表現を使って、問題行動をやめさせる
②悪い結果を使い、「しまった体験」をさせる
③子どもにしてほしいことを説明する
④練習

①共感的表現を使って、問題行動をやめさせる

子どもが問題行動を起こしているときに、どのように声をかけるのかは重要です。時によっては、大声を出さないといけないこともあるでしょう。でも、「バカじゃないの」「いい加減にしなさい」といった親からの責め言葉により、子どもは意地を張ったりするものです。こういった状況にならないために、親が使える言葉が共感的表現です。共感的表現の基本形は「〇〇したい気持ちはわかるけど、……しようね」でしたね。

ごはんの時間になってもテレビを見ている子どもに「ごはんだと言ってるだ

ろ。テレビはすぐに消しなさい」と表現するより、「テレビを見たい気持ちはわかるけど、ごはんの時間だよ」と話しかけたほうが、うまくいく確率は違ってくるのです。

②悪い結果を使い「しまった体験」をさせる

ここでは、悪い結果を使って、子どもに「しまった体験」をさせます。そのことにより、問題がもう起こらないですむようにします。悪い結果が大きすぎると、子どもは納得できず、親への怒りが出てきますし、それを引き受けることができません。前章の「悪い結果」（87頁）を参考に、効果的な悪い結果を探しましょう（左のマンガは「責任をとらせる方法」〈91頁〉の例です）。

③子どもにしてほしいことを説明する

問題行動の代わりに、すべきであった行動を説明します。子どもに具体的に、簡潔に説明します。「ちゃんとしてほしい」より「貸してほしいときは、叩かずに『貸して』と言おうね」のほうが望ましい表現になります。

キャキャ
キ
キ
なっなにしてるの!!
NG
オヤツは1週間ぬきよ!!
ムカムカ〜
OK
水びたしの所をふたりでふきなさい!
子どもだけでできないときはママも手伝ってあげて♡

④練習

練習のステップを使うことで、子どもが教えられたことをする可能性を高めます。また、「4　前もってのお約束」でも述べましたが、練習により、子どもが理解していることを確認することができます。子どもが言われたことができない場合は、①言われたことが理解できていない状況、②実行する力がない状況の2つの状況があります。どちらの状況かを確認することになります。

前にも書きましたが、「子どもができるのにしない」という状況は親の怒りを引き出しやすいものです。でも、「やれない」のなら、教えてあげるしかないのです。

怒鳴ったり叱ったりしないで子どもをしつける4つのステップの例

例1

ピアノの練習をさせることも親にとっては大きなストレスとなる場合があり

ます。喜んで練習するのはほんの数か月、それ以降は闘いなのですと訴えられるお母さんもいます。

この子も、お母さんと3時になったらピアノの練習をすると約束していたにもかかわらず、ピアノの練習をしないで遊んでいます。

①共感的な表現を使って、問題行動をやめさせる

母……「ふうちゃんが遊びたいのはわかるよ。でも、今は何時？　何をする約束だったっけ？」

ふうか…「……」

母……「3時になったら、ピアノの練習をするという約束だったよね」

②悪い結果を使い、「しまった体験」をさせる

母……「まずは、そのおもちゃを置きなさい。今日は、お母さんとのお約束を守らないで、遊んでいて、ピアノの練習をしなかったので、5時から6時のテレビはがまんするのよ。これは約束だったでしょ」

③子どもにしてほしいことを説明する

母………「3時になったらピアノの練習をするのが、約束でしょ。もう、3時15分よ」

④練習

母………「何をしなければならないか言ってごらん」

ふうか…「ピアノの練習」

父………「よく言えたね。えらいぞ。さあピアノの練習をしに行こうか」

ここでは、練習として、しなければならないことを確認するとともに、実際にさせています。そして、ここでは、ほめることがポイントです。

例2

もう一つの例を見てみましょう。

兄弟2人がテレビのチャンネル争いをしています。

①共感的な表現を使って、問題行動をやめさせる

母……「はいはい、ケンカしているの。自分が見たい番組を見たい気持ちはわかるけど、テレビでケンカしたときは、テレビはなしですよ。消しますよ」

②子どもにしてほしいことを説明する

母……「でも、なぜケンカがはじまったの？」

兄……「あいつが前に座ったんだ」

弟……「僕だって見えなかったんだもん」

母……「両方とも見たいのはわかるよ。でも、ケンカして見てもおもしろくないでしょ。場所はこれだけしかないんだから、ケンカしないで決めてほしいの。どうしたらケンカ以外で決められると思う？　何かない？」

兄弟……「ジャンケンとか？」

母……「そうそう、それがいいんじゃないの。ジャンケンはできるでしょ」

兄弟……「うん」

③練習

母……「じゃあ、一度ジャンケンしてみて、そして決めたら？　今回のこともそうしたら？」

兄弟……「ジャンケンする」

母……「やってみて」

兄弟……「ジャンケンポン」

弟……「僕の勝ち」

④悪い結果を使い「しまった体験」をさせる

母……「これからはこうしてね。今、りゅうが勝ったから、今回はりゅうが一番に席を決めていいよ。このあともジャンケンして決めてね。でも、今日はケンカしたから、あと15分はテレビなしよ」

兄弟……「わかった」

ポイント

最後の例では、お母さんは最後に悪い結果を与えています。その場に応じて、ステップを入れ替えてもかまいません。

ここで紹介した方法は、怒鳴ったり、叱ったり、そして叩いたりといった暴力を使わないで、子どもの問題行動をやめさせる方法です。この方法を使うことにより、これまで、暴力的な方法でしつけが行われる可能性が高い状況でも、暴力を使わないで子どもをしつけることができるようになり、失敗したと悩むことが少なくなってきます。

まずは声をかける前に、「○○したい気持ちはわかるけど、……しようね」という共感的表現を思い出してください。きっと今までのうまくいかなかった状況を変えてくれるでしょう。

8 危機介入
親子で身につけるセルフコントロール

ここでのゴールは、親子がともに落ち着きを維持するセルフコントロールを身につけることです。親が落ち着くための方法としては、「5 まずは落ち着こう」の「不安感を取り除くリラックス」（67頁）でその方法を紹介しました。そのテクニックを子どもにも教えるのがこの章の目的です。

しつけを効果的にするには、感情的にならず、落ち着いて行うことです。しかし、親が感情的にならないようにしているのに、子どもがしてほしいことをせずに感情的になって、反抗したり、泣き叫んだり、すねたりし続けるとき、どうしたらよいのでしょうか。ここでは、このような状況にならないために、子どもにも落ち着くための方法を教えます。

この方法を子どもに教えないといけない状況というのは、いわば、親子間の緊張が高まった危機の状況です。危機の状況は言わば一種のパニック状況なので、良いことを生み出しにくい状況になります。あとで考えるとどうでもいいことでも、そのときは重要な問題です。親子間の緊張が高まるのは、何も子どもがものを叩いたりするといったはっきりとした行動の爆発だけではありません。子どもに何を言っても、固まったままになっている状態も指します。親にとっては固まっている状態は親への挑戦と映るかもしれませんし、そのように子どもの行動を見てしまうと、無性に腹が立つものです。そして、この状況は、確実に親子間の緊張を高めます。でも、なぜ子どもは親に挑戦するのでしょうか。

子どもはセルフコントロールが親よりもむずかしい

子どもが親の言うことをきけない状況というのは、子どもが自分の感情のうねりをうまく扱えないことから生まれます。子どもは、大人よりセルフコントロールする力が弱いので、感情が高まると、反抗したり、泣き喚いたり、すねたりといった行動が出やすくなります。

興奮してくると、人の言うことは聞こえなくなります。感情的になって言った言葉や行動に後悔し、自分自身に腹が立つという経験は皆しています。

子どもが興奮してどうしようもない状況も同じです。そういった状況では、親が子どもに言いきかせようとしてもむずかしく、親が話そうとすればするほど、子どもはより大きな声でつっかかったり、泣き叫んだり、黙り込んでしまうことになります。これらの状況を変えようとすればするほど、親の声が大きくなり、そして状況はますます悪くなっていくのです。

感情と感情がぶつかるとき、そこには良いものは生まれにくく、憎しみが生まれやすい状況になります。ここで必要なのは、お互いに落ち着きを取り戻す作業です。

危機介入の2つのステップ

ここでのゴールは、子どもをまずは落ち着かせ、そして親自身も落ち着き(子どもを落ち着かせようと思うと、親がまず落ち着かなければならないかもしれませんが)、子どもが興奮したときに、どのように振る舞えばよいのかを教えられるようになることです。

ここでのステップは、「まずは落ち着く」の第1ステップと「セルフコントロールを教えるフォローアップ」の第2ステップの2つからなります。

第1ステップの「まずは落ち着く」は、子どもが指示に従わないので、緊張感が高まってくる状況で、①親自身が落ち着くためにするリラックスを実行、②落ち着くための指示を与える、③落ち着くまでの時間を与える、といった3つのステップからなります。

そして、親子ともに十分に落ち着くまでの時間を取ったあとで、第2ステップの「セルフコントロールを教えるフォローアップ」にすすみます。①共感的表現、②状況を説明する、③落ち着くためのリラックスを子どもに教える、④落ち着くためのリラックスを練習させる、⑤元の問題にもどる（再発予防のために自分自身の行動に責任を取らせるという「悪い結果」を使う）、といった5つのステップからなります。

第1ステップ【まずは落ち着く】

たとえば、10歳の子どもとお母さんのお約束が宿題をしてから遊びに行くというものであったとしましょう。宿題がまだなら友だちのところに遊びに行ってはいけませんと言われたとします。そこで、すぐに宿題に取りかかったら、危機介入の必要はありませんが、その子どもが「別にいいじゃん、あとで宿題をするから」と怒り出したらどうでしょうか。親子間の緊張が高まっていきます。

①親自身が落ち着くためのリラックスを実行

「5　まずは落ち着こう」の「落ち着きを取り戻すプラン」（73頁）で決めた

落ち着くためのリラックスを実行します。深呼吸や10数える、水を飲むといったリラックス行動を行います。親がまず落ち着きを取り戻すことで、怒りすぎたなとか、後悔することがなくなるのです。

②落ち着くための指示を与える

子どもを落ち着かせるための指示を出します。ここでは、「なんでそんなことをするの。わからない子ね」や「もういい加減にバカみたいなことをやめて」など責める表現を用いないように注意します。感情的に口から出る言葉は、あいまいで、子どもを責めるような表現になりやすく、子どもの怒りの火をますます焚きつけることになりかねません。子どもの行動を表現するとともに、共感的表現を使いましょう。

「お母さんはあなたが友だちの家に行きたいという気持ちはわかるわ。でも、あなたは『ダメ』と言われたことに、怒鳴ったり、大声を上げたりするのね。怒鳴るのはやめて、部屋に行くか、このソファーに座ってなさい」と落ち着くための指示を与えます。

③落ち着くまでの時間を与える

親そして子どもが落ち着くまでの時間を取ります。子どもを部屋に行かせるのは、タイムアウト（93頁コラム参照）です。そして親自身が子どもから離れる方法もあります。それは非強制的タイムアウトと呼ばれるものです。そのどちらでも、一人になって落ち着くまでの時間を取ることが重要です。

行動は、「状況（刺激）」「行動」「結果」という3つのもので維持されるメカニズムであると説明しました（78頁）。子どもの感情的な言葉や態度が、親の指示や態度が刺激となって生まれたものであるなら、親が離れることで、問題行動を引き出した刺激をコントロールすることになるのです。

ワーン ワーン
うるさいナ…
泣いてばかりじゃ わからないワ… 涙がとまるよう… タイムアウトよ. あのイスに座っててネ あとでお話しようネ
シック… シック…
強制的タイムアウト（前もって説明しましょう）
非強制的タイムアウト
今はお話ができないみたいネ…
このままじゃ 私がキレちゃう! 落ちつけ…落ちつけ…
カチン
プイ
しるもんか!!

第2ステップ【セルフコントロールを教えるフォローアップ】

落ち着くまでの時間を取って、親子がともに話ができるようになってはじめて、フォローアップをはじめることができます。フォローアップをはじめられるかどうかの判断には、簡単な支持を出す方法があります。子どもに、「こっちに座って」や「こっちを向いて」などの指示を出して、素直に従えるようになったときがそのときです。

①共感的表現

まずは共感的表現からはじめます。共感的表現を使うことによって、子どもにいかに親が子どものことに気をかけているのかを伝えることにもなります。また、共感することにより、子どもの行動より、むしろ親自身の感情に焦点を当てることになります。

このように言うことができます。「お母さんはあなたがお友だちの家に行きたい気持ちはわかるわ」

②状況を説明します

何が起こったのかを説明します。わかりやすい表現を使い、短く具体的に表現するのがポイントです。「でも、今日みたいにキレてしまってもいいことは何もないでしょ。落ち着いてきたら、何が悪かったかわかるよね」

③落ち着くためのリラックスを子どもに教える

ここでは、次から子どもが何をしたらいいのかを説明します。具体的に子どもが興奮したときに、どうすればうまく振る舞えるのかを考えていきます。文句を言ったり、すねたりといった行動をしても、子どもの思いどおりにはならないし、そうすることによりますます悪い状況になることを子どもは学ばないといけません。このステップでは、子どもたちにこれらの不利益を説明し、落ち着く方法を教えるのです。

「このようにならないためにできることを考えたいの。いい、次からキレそうになったら、深呼吸をしてほしいの。お母さんもするから」

④落ち着くためのリラックスを練習させる

練習によって、子どもに次から何をすればよいのかを学ばせることができます。

「一度やってみましょう。深呼吸してみて」と子どもに深呼吸するようようながし、子どもにさせます。子どもがしたあとは、すぐにほめましょう。「よくやったね。どう、少し落ち着いたでしょ。こうすると、落ち着いて話せるようになるし、後悔するようなことを言ったり、やったりということが少なくなるからね。次から、腹が立ってカーッとしたときにするのよ」

⑤元の問題にもどる（悪い結果）

ふたたび問題が起こることを防ぎます。何が問題だったのかを覚えておくようにしましょう。時によっては、ここまで来るのにたくさんの時間がかかることがあります。

また、ほとんどの親は、子どもとのトラブルが修復したことに満足し、これ以上興奮させたくないと考えます。でも、元の問題にもどることは大切です。

それは、問題行動により、もともとしたくなかった行動をしなくてもすむという事態になるからです。こういう状況が続くなら、子どもが感情的になって親に反抗してくるのを知らず知らずのうちに強めてしまうということになります。
今回の例では、宿題をしないことが問題でしたので、そこにもどります。
「いい、怒鳴ったり、脅したりしても、何も状況は変わらないよ。宿題をやってしまおう」。

危機介入の具体例

具体例を紹介しましょう。

姉（あやね）が妹（かな）のおもちゃを勝手に使って壊してしまったという状況でお父さんが注意をします。

父……「あやねちゃん、ちょっといい」

あやね…「うん」

父………「かなちゃんが泣いているだろ。かなちゃんに聞いたんだけど、あやねちゃんはかなちゃんのおもちゃを勝手に使って壊しちゃったんだってね。謝りもしないで、出てくるなんて、いけないだろ」

あやね…「でも、いつもかなちゃんは私のものを勝手にさわるんだもん」

父………「だからって、さわっていいということにはならないだろ。今回は壊したんだから、まずは謝りなさい」

あやねは父の言葉をさえぎるような感じで、

あやね…「なんで、わたしばっかり怒られないといけないの。かなちゃんだって悪いんだよ。ちっさいからって調子にのってるんだもん」

父………「お父さんに怒っても仕方がないだろ！」

と怒鳴りました。あやね「……」と固まってしまう。

このように緊張感が高まった状況で、いよいよ自分自身をコントロールする2つのステップを使います。

第1ステップ【まずは落ち着く】

①親自身が落ち着くためのリラックスを実行

父、まずは大きく深呼吸し、落ち着きを取り戻す努力をする。

②落ち着くまでの指示を与える

父………「どうしたの？　話ができそうにないね。部屋に行って落ち着きなさい」

③落ち着くまでの時間を与える

あやね、部屋に行き、父と離れる。

しばらく間があって、

父………「あやねちゃん、話せるかな？　こっちにおいで」

あやねが来る。

第2ステップ【セルフコントロールを教えるフォローアップ】

①共感的表現

父………「あやねちゃん、あやねちゃんの気持ちもわかるよ」

②状況を説明する

父………「でも、意地を張っていてもしょうがないだろ。おもちゃを壊してしまったんだから、謝ろう。謝れるね」

あやね…「うん」

③落ち着くためのリラックスを子どもに教える

父………「そうだろう。落ち着いて考えたら、できることなんだよ。だから、これからは、いやだと思って意地を張りそうになったら、こうしたらいいよ。まず、深呼吸をして、10数える。そうしたら、落ち着いて考えられるようになるから」

④落ち着くためのリラックスを練習させる

父……「じゃあ、一度やってごらん」
あやね…「しないといけないの？」
父……「そう」
あやね…（深呼吸をして）「1・2・3・4・5・6・7・8・9・10」

⑤元の問題にもどる（悪い結果）

父……「これでいいよ。覚えていてね。さあ、まずはかなちゃんに謝りに行こう。それから、どうしたらいいのかをお父さんと考えよう」

ポイント

この危機介入で一番大切なことは、時間を取って行うということです。焦ってしまうと、元も子もありません。落ち着いて、時間をかけて行いましょう。危機介入を実施するときは、親子間の緊張が高まっている状況です。親自身の振る舞いにも注意してください。子どもを指差すことや、子どもに近づきすぎること、こぶしを振り上げることは子どもに脅威と映り、子どもをより感情的にさせることにもなりかねません。小さい子どもの場合は、そういった親の行動の結果、固まることしかできないことにもなりかねません。そして一度固まってしまうと、その固まる行動をほぐすのに時間が必要なのです。

9　子どもの発達と親の期待

子どもの発達と親の期待がぴったりと合っていれば、そこにストレスはありません。子どもは親のしてほしいことをし、親は子どもをほめるチャンスがたくさんあります。親子関係のグッドサイクルです。こういった場合は、今の状況のまま、やってください。

でも、なんだか怒ることが増えているなと思ったら、一度、立ち止まって、親としてどのような期待を子どもにしているのかを考えてみましょう。

親は子どもにさまざまな期待をします。たとえば、ボールを蹴るのがうまい子どもがいるとします。すると、もしかしたらサッカー選手になるのではないかと、思ったりします。

こういった親の夢というものは非常に大切ですし、子どもの成長や特性に合った期待により、子どもの能力が開花されることは多いのです。でも、それが行き過ぎるとどうでしょうか……親も子もしんどくなってしまいます。

なぜ、親も子もしんどくなってしまうのでしょうか。一つには、親の期待を実現することのできない子どもが、なぜできないのかと追い詰められるからです。そしてもう一つは、子どもに親の期待を実現させることのできない親自身も、こんなこともさせられないのか、自分は親失格だと追い詰められるのです。

子どもの成長というのは、それぞれの子どもの個性に強く影響されます。きょうだいでも同じように成長しませんし、できることにもデコボコがあります。これができたらあれもできるだろうと思ったことができなかった、ということがあります。では、どうすればよいのでしょうか。

ここで重要となるのは、親の期待を明確にし、子どもがほんとうに理解しているのかを確認することにより、子どもの成長に合っていない、無理な期待をかけず、親子関係がむずかしくなる状況を避けることです。

9 子どもの発達と親の期待

これまで紹介したしつけの具体的な方法では、練習に重きを置きました。そして、子どものできることを確認しましょうと言ってきました。子どもが言われたことができない状況は、①言われたことが理解できていない状況、②実行する力がない状況の２つの状況であるなら、これらのことを確認することから、親子関係がむずかしくなる状況を避けることができるようになります。では、もう少し詳しく見ていきましょう。

①言われたことが理解できていない状況

子どもが言われたことが理解できていない状況はよく起きてしまいます。そんなときに考えてもらいたいのは、子どもに親の期待を具体的に教えたことがあるのかということです。

思わず「ちゃんと」や「いい子」といったあいまいな言い方を使っていないでしょうか。意識して、具体的な言い方を使うことで、子どもにしてほしいことが伝わりやすくなります。子どもにしてほしい行動を具体的に教えていないなら、子どもは期待されていることを理解していない可能性が高くなります。

ここでは、穏やかに、子どもに自分の言葉で親が説明した期待を表現させることにより、理解しているのかを確かめるようにします。もし、理解していれば、時間がかかったり、言い方がつたなかったりしても、親の期待を表現できるものです。表現できないようなら、子どもに、さらに詳しく、そしてやさしく教える必要があるのです。

②実行する力がない状況

子どもが実行する力がないということもあります。子どもの年齢に応じて、子どものできることは広がっていきますが、それでもデコボコはできてしまいます。同じ年齢の子どもができるからといって、自分の子どもがそれをできるのかというとそうではありません。逆に、自分の子どもだけができるということもあります。

一番の問題は、「できるはず」という状況です。子どもに一度させてみることが大事です。子どもに教えたことを実際にさせてみて、教えたとおりにすることができたなら、その期待は子どもの成長に合ったものであり、適切な期待であると言えます。

親からの期待を明確にする工夫

親は子どもにたくさんの期待をし、そのためにさまざまな要求をします。「遊びに行く前に、宿題をしなさい」「5時には帰りなさい」「食事中はテレビは見ないでいましょう」。これらの要求は家によって違います。まさに自分が生きてきた中から、いろいろなルールを作り出し、そして日常生活をうまく運ぶために、さまざまな要求を子どもにするのです。

先に、親子関係がむずかしくなる状況として2つの状況を説明し、そこでのポイントを整理しました。次に、親の期待を明確にする工夫を紹介しましょう。

親の期待を明確にする2つのステップ

ここでは2つのステップで親の期待を明確にする方法を紹介します。

第1ステップでは、親が子どもにしてほしくない行動を書き出します。行動を書き出しやすくするために、ここでは、いくつかの領域から考えていくことが、親の期待を明確にするのに役立ちます。さまざまな領域があるでしょうが、まずは以下の「不規則で乱れた生活」「子ども同士（友人間）のトラブル」「親とのトラブル」の3つの領域から考えていきましょう。そして、そこに当てはまらない問題があれば、その次に考えていくとよいでしょう。

不規則で乱れた生活	朝早く起きない 夜遅くまで起きている 宿題をしない 帰宅時間に遅れる 部屋が散らかっている テーブルの上に足を置く
子ども同士（友人間）のトラブル	友だちをバカ呼ばわりする 順番が待てないでケンカをする
親とのトラブル	親がやめてと言っても「わかった」と言えない 母親を「ババア」と呼ぶ

第2ステップでは、これら問題行動をひっくり返して、望ましい行動のリストに置き換えます。つまりは、問題行動とは相容れない行動をリストにし、これらのリストを子どもと共有することによって、子どもに親の期待を明確にするということです。

規則正しいきちんとした生活	朝早く起きる 夜早く寝る 宿題をする 帰宅時間を守る 部屋を片づける テーブルの下に足を置く
子ども同士（友人間）で仲良くする	友だちにバカと言いかけたら口を閉じる。そして自分をほめる 順番を待つ
親子で仲良くする	親がやめてと言ったら「わかった」と言う 母親を「お母さん」と呼ぶ

「○○するのはダメです」といった禁止の言葉よりも、親の望む行動を具体的に表現するほうが、子どもはすべきことを理解し、親の期待に沿いやすくなります。行動は具体的に表現すればするほど効果は高まるものです。

でも、いくつかの行動は望ましい行動のリストに置き換えるのがむずかしいと感じられるでしょう。たとえば、友だちをバカ呼ばわりするなどは、どうしたらよいのでしょうか。今回のリストでは「友だちにバカと言いかけたら口を閉じる。そして自分をほめる」と表現しましたが、具体的に指示することがむずかしい行動は、子どもに伝えにくく、親側にさまざまな工夫が求められます。ポイントは「3 がんばり表を使って子どものやる気を引き出そう」で述べましたが、スモールステップに分けて、ゆっくりと行動を変容させるのがよいでしょう。

ポイント

ここでのポイントは、子どもに親の期待を理解させるために、子どもを力で抑えてしまうのではなく、言ってきかせるという教育的な態度です。子どもに「○○をしたらダメ」と否定的にしつけるのではなく、「○○のかわりに△△したほうがいいよね」と肯定的なものを評価し、ほめるという姿勢が親子関係を良くしていくと同時に、子どもにも自信を与えます。

親は子どもにさまざまな期待をします。でも、親の期待により、子どもたちの能力が開花されます。でも、親の期待が明確でないばかりに、子どもたちの期待をキャッチできず、どうしたらよいのかわからなくなっていたらどうでしょう。子どもは何で怒られているのかがわからず、親を避けるようになるかもしれません。

ここでは、期待を明確にすることにより、子どもたちの取るべき行動の枠組みを形成していく方法を紹介しました。すぐに子どもは変わりません。でも、少しの変化が大きな変化を呼ぶのです。

10 問題解決法

子どもとの話し合いをうまく行うための方法

最後の章では、問題を解決するために、子どもとの話し合いをうまく行うための方法を紹介します。

子どもが成長するにつれて、子どもと話し合うことが必要となります。親自身の期待を明確にした上で、ゆずれるところとゆずれないところを決めなければなりません。

子どもと話し合い、いっしょに問題を解決していくことにより、親から一方的におしつけられた場合と比べ、子どもが決めたことを実行する可能性は高くなります。それは、解決のプロセスに参加したことから、それをしようという動機づけが高まるからです。

親も子も、さまざまな場面で行動を決定していかなければなりません。しかし、問題の解決をせまられたときに、状況をいろいろなところから見ず、性急に結論を下した場合、そこにはたくさんの問題が残ります。

親としての意見を伝えながらも、子どもの意見も尊重できたら、きっとうまくいくはずです。これらのことを実現するため、ここでは問題解決をすすめる5つのステップを紹介します。

問題解決をすすめる5つのステップ

ここでは、以下のようなステップを経ることにより、問題を解決するための方法を探ります。

①子どもが抱える問題を整理しよう
②どうしたらよいかの案を整理しよう
③メリットを考えよう
④デメリットを考えよう
⑤どうするかを決める

この方法は、非常に単純で、簡単な方法であり、いろいろな状況に応用できます。

①子どもが抱える問題を整理しよう

ここでは、子どもが抱える問題が何であるのかを整理していきます。あいまいな表現ではなく、できるだけ具体的な表現にしていくことが大切です。子どもはあいまいで感情的な言葉を使うことが多く、これらの言葉に、親も感情的になる場合があります。具体的な行動や事実を取り上げることにより、問題が見えやすくなるとともに、感情的になり、親子が意地を張ってしまうという状況から抜け出すことができます。

②どうしたらよいかの案を整理しよう

問題が整理されたら、次にどうしたらよいかの案を整理していきます。

問題を解決するための解決策は一つではなく、いくつかの選択肢があるものです。でも、なかなか子どもはいろいろな方法を思いつきにくいものです。「そしたらいいわ」や「どうせダメなんだろ」といった言葉で、会話が終わってしまわないようにします。

ここでの親の役割は、子どもが考えることによって、自分で問題を解決できるという達成感を感じさせることです。「何かいい考えがある?」や「ほかの解決策は?」といった質問をしながら、選択肢を探っていきます。子どもが自分で考えたという感覚をもたせることは、実行するときの動機づけに大きく関わってきます。

③メリットを考えよう

ここでは、子どもとそれぞれの解決策のメリットを考えていきます。この話し合いにより、子どもに親の意見を押し付けるのではなく、子どもを大切に思って話をしていることを示すことができます。そして、子どもといっしょに考えることにより、それぞれの問題を解決する案とそれを選んで生じる結果との関係について具体的に理解できるようになります。

ここでも、できるだけ子どもの意見を聞くようにし、子どもの主体性を尊重します。ここでは、まずは子どもが考える問題を解決する案の良い面を整理していきます。良い面から焦点を当てることで、親が子どもの意見を尊重していることを示すことができます。デメリットを考えるということは、子どもの意見に対して、否定的に親が考えていると思わせることがあります。まずは、肯定から入りましょう。

④デメリットを考えよう

次に、デメリットを考えていきます。ここでは、子どもが選ぶ問題を解決する案により生じるデメリットを考えていきます。

この2つのステップを経ることにより、それぞれの案により生まれる良い面と悪い面を整理するとともに、なぜそういった問題を解決する案を取ろうと思ったのかについて話し合うことができます。

問題を解決する案にはすべて、メリットとデメリットの二面性があることに気づかせることがポイントです。このことにより、子どもは冷静に結果について考えることができるようになり、失敗を犯しにくくなります。

⑤どうするかを決める

いよいよ、どうするかを決めるところまできました。それぞれの問題がもつ解決案のメリットとデメリットを整理してきました。最後に決めるのは子どもです。

場合によっては、判断のむずかしいものもあります。もしすぐに決断する必要性がなければ、時間を与えてください。親としての思いとずれることもあります。でも、親はこれまでしてきたステップを思い出してください。子どもはメリット・デメリットがわかっているはずです。

問題解決をすすめる5つのステップの例

11歳になる男の子がゲームを買いたいと言ってきました。貯金をおろして買いたいと言います。お父さんとお母さんは悩みました。そこで、問題解決をすすめる5つのステップを使って、この問題の解決策を考えていきました。

①子どもが抱える問題を整理しよう

まずお父さんとお母さんは子どもを呼び、どうしたいのかを聞いていきました。子どもは、友だちの多くがゲームをもっていること、友だちの話題がゲームのことばかりになり付いていけずに寂しい思いをしていること、自分もそのゲームをもちたいことを話しました。

問題

ゲームは面白く、自分もしたい。友だちの多くがゲームをもっている。話題に入れない。だからゲームがほしい。そしてそのゲームは1万円する。

②どうしたらよいかの案を整理しよう

ここでは、このゲームがほしい状況を解決するためにどのようにしたらよいかの案を整理していきます。子どもに「どうしたらいいと思う？」と尋ねると、「貯金をおろして買いたい」と言います。他にできることはないだろうかと話すと、以下のような案が出てきました。

解決案

貯金をおろして買う
友だちに借りる
がまんする

③メリットを考えよう

それぞれのメリットを整理しました。

貯金をおろして買う…自分のものになる
友だちに借りる………貯金は減らない。他に好きなものが買える
がまんする……………貯金は減らない。他に好きなものが買える。ゲームをする時間で他の活動ができる。勉強もできるようになるかもしれない

④デメリットを考えよう

それぞれのデメリットを整理しました。

貯金をおろして買う…貯金が減る。他にほしいものが買えない。ゲームをしすぎて他の活動ができなくなる。勉強がおろそかになり成績が落ちるかもしれない

友だちに借りる………好きなときにできないし、貸し借りによって友人間
にトラブルが生まれることもある

がまんする……………ほしいものが買えない。友だちとの遊びが制限され
る

⑤どうするかを決める

いよいよどのようにするのかを決めなければなりません。

子どもは親の考えとは違った案を選ぶこともあります。一般的には、子どもが選んだ案が、誰も傷つける心配がなく、法律にも違反せず、なおかつあなたのモラルに反することでないなら、子どもの意見を尊重し、させてみることも大切です。子どもは自分が選んだ結果からさまざまなものを学ぶのです。

でも、上記の場合、子どもがゲームを貯金をおろして買ったとしましょう。でも、高いゲームを買った代償として、自分に使えるお金は減ったのです。この場合、子どもがお金をほしがってもあげてはいけません。この経験を通して、子どもはお金の大切さを学びます。

ボクは、毎月かってたマンガをガマンしてそのお金をためるよ。
それから‥‥
‥‥。
いい考えね!
こんなふうに考えてたのか。
意外としっかり言えるんだナ
good コミュニケーション

ポイント

ここでは「問題解決をすすめる5つのステップ」を紹介しました。このステップを経ることにより、親は子どもといっしょに問題を解決することができるようになり、親としての自信をつけることができます。また、子どもに必要な自立心を育てることになります。

また、この方法は、子どもの問題解決だけではなく、親が抱えるさまざまな問題を解決する方法としても使えます。大きな問題が起こって、自分自身を見失う前に、このステップを通じて、現実的な解決策を探ってください。

こういう場合はどうしたらいいのでしょう？【Q＆A】

Q1 子どもをほめると、子どもが調子にのって収拾がつかなくなります。

とくに小さい子どもの場合、このようなことが起こるようです。しかし、継続して良い行動をほめていると、子どものこういった行動は収まります。子どもはセルフコントロールの能力が大人よりも低いので、感情に流されることがあります。また、子どもによっては、どのように振る舞ったらよいのかわからないということもあるようです。その場合も、しばらくすれば収まります。

今までとは違ったしつけがはじまりますと、子どももはじめはとまどうようです。時によっては、よけいに怒らせることが増えるように感じる親もいます。時に、子どもは親から同じようにしてもらうことで、その関係性が落ち着いていることもあるからです。それが不適切であったとしてもです。その場合、子どもは問題行動をエスカレートさせることにより、今までの親の反応を引き出そうとすることがあります。これを消去抵抗と呼びます。

消去抵抗とは、ある行動を消去しようとする際に起こるものです。たとえば、自動販売機にお金を入れたのに、何も出てこないとします。どのようにしますか。きっとボタンを激しく何度も叩くと思います。そして、何の変化もなければ、行動をやめます。この行動がやむ前に起こった「ボタンを激しく何度も叩く行動」が消去抵抗です。試し行動も同じように考えることができます。

親の期待を明確にし、子どもとお約束をし、親子で約束したことができたときに、すぐに子どもをほめるとともに、できていないときには悪い結果（87頁）を与えるということをしていると、この行動は時間とともになくなります。

Q2

子どもが問題行動をやめないので、ほめるところがありません。

子どもが良い行動をすると、ほめられますが、悪い行動だけなので、ほめられないという話はよく聞きます。そして、これは非常にむずかしい状況です。親子関係のバッドサイクルに入ってしまうと、子どもの悪い行動が目につき、良い行動に気づきにくくなります。親が「ほめようと思っているのに、子どもが良いことをしない」と言っている状況は、親が子どもの変化を先に期待してしまっている状態です。そして、子どもにのみ変化を期待してもなかなか変化してくれないのです。私たち親は子どもに「〜したら〜してあげる」と条件を付けがちですが、この状況は、まるで親子が互いに意地を張ってしまっているようなものです。

親が子どもに意地を張っても、良いものを生みません。新しいことへのチャレンジが必要となります。この本で紹介した方法を用いることで、子どもの良い行動を導きやすくなります。でも、少ししたら、この本の方法を忘れてしまっていたということもあるでしょう。また、いつものように怒ってしまっているというようにです。

でも、なぜ、このようにもどってしまうのでしょうか。それにはいくつかの要因が考えられます。

たとえば、夫との関係や経済的な問題などがあります。日常生活のさまざまなストレスが親子関係を歪ませます。そして、この歪んだ親子関係は、親子関係のバッドサイクルを生み出します。そして、人間関係の悪さは子どもの問題行動を強め、親に罰を伴うしつけを生み出します。このバッドサイクルは何も良いものを生みません。

確かに、子どもの問題行動がなければ、親も怒る必要はありません。でも、罰で子どもの行動を変えるのはむずかしい場合が多いのです。

遠回りに見えますが、子どもの行動の良い面を探し、それをほめる努力をしましょう。行動をほめるとよいのです。子どもをすべて受け入れることはむずかしいと思われる方もいるかもしれません。まずは行動を評価しましょう。

Q3

何度言ってもわかりません。

非常にしんどい状況ですね。「4　前もってのお約束――ころばぬ先の練習」の「前もってのお約束を効果的にする4つのステップ」（51頁）の練習のステップに工夫が必要だと言えますが、なかなか改善しない行動があります。

それは生理的な行動です。食事・排泄・睡眠の問題は子どもの成長を待つしかないということも一理です。また、食事・排泄・睡眠に関しては、親がダブルバインドの指示を出していることがあります。

ダブルバインドとは二重拘束とも訳されますが、合い矛盾するメッセージが同時に出される状況です。有名なのが「ビクビクするな」と大きな声で指差しながら言う状況です。言葉では「ビクビクするな」と言っていますが、大きな声と指差しから出ているメッセージは「ビクビクさせる」メッセージです。

食事での嚥下はリラックスしていないとスムーズにできませんが、親が怒ることにより、子どもとの関係に緊張が高まり、嚥下しにくい状況を作ることがあります。排泄でもそうです。リラックスしている状況のほうがうんちもおしっこも出やすいのですが、親が怒ることで、子どもが固まってしまい、ますます状況が悪くなることがあります。睡眠でも同じことが言えます。「一人で寝るのがこわい」と言う子に、「早く寝ないとおばけが来るよ」とよけいに不安をあおってしまうことがあります。生理的な問題をしつけるときは注意しましょう。

また、この状況はうそをつかないようしつけるときにも起こりがちです。「正直に言ったら、怒られる」関係なら、子どもはうそをつき通そうとします。しかし、これはうそというよりも、ごまかしだと言えそうです。

Q4 やっぱり叩いたらダメですか？

叩くのはよくありません。また、親子関係にダメージを与えることになります。子どもへの叩くといった悪い結果は子どもの「しまった体験」になりにくいということが言われています。また、罰の使用も注意が必要です。子どもに「しまった」と思わせ、行動を変えさせるのが目的であるということを意識しましょう。罰や叩くといった行動は親子関係を悪くし、親子関係が悪くなると、子どもは親の言うことをきく率が低くなり、より大きな罰を引き出しやすいという親子関係のバッドサイクルを思い出してください。

Q5 上の子が下の子を泣かせてばかりで困ります。

子どもが小さいうちは、兄弟ゲンカが多くて困るといったことがよく聞かれます。とくに、下の子どもが0歳や1歳といった自分自身を守る力をもっていない年齢のとき、上の子どもが下の子どもにする行動（たとえば、上に乗る、叩く、引っ張るなど）が気になり、上の子どもを怒ってばかりということがあります。

親にとっても、放っておくこともできずに、ついつい上の子どもを怒ってしまうのですが、上の子どもに注意をすることに、だんだん疲れてきます。

そして、この状況は良い状況ではありません。これが行き過ぎると、下の子どもから守るために、親は上の子どもを遠ざけようとするからです。

この状況は、遠ざけられた上の子どもにとって納得できる状況ではありません。

上の子どもはただ妹や弟をかまいたいがために、上に乗ったり、引っ張ったりしただけかもしれないのです。

また、時によっては、上の子が親の関心を得たくて、している場合もあります。兄弟が生まれることは家族にとり、うれしいことです。もちろん上の子どもにもうれしいことですが、それと同時に、今まで独占していた親の愛情を下の子どもと分け合う必要性が出てくるのです。小さい子どもは、物理的にしてあげないといけないことは多く、上の子どもが我慢をしないといけない状況を作ります。このため、上の子どもが親の関心を引くため、わざと怒られることをすることもあります。

かつて、マザー・テレサは「愛の反対は、暴力ではなく、孤独です」と言いました。放って置かれるより、怒られていても、親の関心を引くことのほうがよいのかもしれません。でも、この状況は親のイライラを募らせ、だんだんと親はイライラさせられる子どもを避けるようになります。悪循環のはじまりです。

上の子どもの赤ちゃん返りも、親にかまってほしいというサインかもしれません。こういったとき、もう一度「行動を分析する」ということをしてください（「6 行動を分析しよう」参照）。

あるお母さんは上の子どもが下の子どもを叩くことに悩んでいました。少し目を離すと、下の子が泣かされる、上の子は悪い、上の子から下の子を守らないといけないと言うのです。

そこで、「なぜ上の子どもが下の子どもを叩くのですか」と尋ねると、「上の子どもは、『下の子どもがちゃんとせえへん』と言うのですが、しかし私からは下の子はちゃんとしているように見えるので、ついつい怒ってしまう」と言われました。ここで問題なのは、母が来たときには、すでに上の子が下の子を叩いたあとなので、上の子が下の子を叩いたときの状況ではなく、お母さんはその状況がわかりません。ですから、上の子は叩く状況を「ちゃんとせえへん」としか表現できないということです。

そこで、お母さんには、上の子に、「ちゃんとせえへんのを止めてくれてありがとう。でも、これからは叩くのではなく、お母さんを呼んでね」と言って、上の子の努力をほめてあげてとアドバイスしました。

このお母さんは、その通りにすることにより、これまでの下の子を泣かす悪い子と上の子を捉えるバッドサイクルから抜け出し、上の子もかわいく思えるようになった報告してくれました。

Q6

夫にわかってもらいたい。

子育てをうまくするには、夫の協力なしにはできません。夫が子育てに協力してくれず、協力してほしいという気持ちをうまく伝えられずに、もんもんとし、つい子どもに当たってしまうというお母さんは、少なくありません。とくにお母さんが専業主婦の場合は、言いだしづらいかもしれません。

夫にとり、子育てに協力しないといけないという気持ちはあるのですが、しかし、普段仕事で疲れているのに……、わかってほしいというのも本音です。でも、それと同じくらいお母さんのほうも、育児に振り回されて疲れているのです。共働きであればなおさらです。そんなときに必要なのは、話し合いです。それも相手を責めずに気持ちを伝え、してほしいことを具体的に伝えることが必要となります。

状況をむずかしくするのは、相手を責める言葉です。相手にしてほしいことを溜め込み過ぎると、ついつい相手を責める言葉を使ってしまいますし、感情が前に出るので、あいまいな言い方になります。そこで、思い出してもらいたいのが、行動を表現する具体的な言い方です（「1 わかりやすく伝えよう——具体的な言い方のすすめ」参照）。夫とのコミュニケーションでも、具体的な言い方を使うことにより、相手に伝わりやすくなります。

具体的な表現では、行動面を表現しますので、相手を責めないですみます。そのため、相手が構えることも少なくなるのです。多くの夫が言うのです、「言ってくれたらわかる」と。それを利用しましょう。

また、夫の帰宅が遅いときなどに、怒ることは逆効果になります。お母さんの言いたい気持ちはわかりますが、帰ると怒られるという悪い結果が与えられるなら、同僚からの誘いに乗る率は高まるのです。逆に、早く帰ると妻がとても喜ぶというような良い結果を与えることにより、帰ると良いことがあるということを学習させるほうが効果があります。しつけだけでなく、夫婦関係にも本書の方法を応用しましょう。

Q7

かんしゃくをどうにかしたい。

かんしゃく行動に振り回される親は多いものです。それがスーパーといった公共の場である場合、とくにむずかしくなります。それはタイムアウト（93頁コラム参照）が使えないからです。そんなときには、出かける前に、よく言ってきかせ、お約束することが大切なことですが、なかなかうまくいきません。それは、親が根負けしてしまうからです。

「6　行動を分析しよう」で、行動は、ただ単独で起こるのではなく、それを起こす状況（刺激）とその行動のあとの結果によって起こることを説明しました。そのことを考えると、かんしゃく行動が収まらないのは、ただ結果として、ほしいものが手に入る状況があるからと言うことができます。

でも、たとえばスーパーで、子どもがおかしをほしがり、かんしゃくを起こしたときに、絶対に買わないというのは親にとっての試練です。それは、子どもはかんしゃくを必ずエスカレートさせるからです。そしてその結果、買うとなると、子どものエスカレートしたかんしゃく行動が維持されることになります。文字通り手が付けられない状況です。

そんなときに、どうすればよいかですが、行動が状況（刺激）と結果により起こることに注目し、状況（刺激）を変えてみるという方法があります。この方法では、まずは買う日を決めることからはじめます。それも具体的でわかりやすいほうがよいのです。

たとえば、スーパーに行く前に、このように言うことができます。「今日はスーパーでおやつを買ってあげるね。お金をあげるから、それで買おうね。だから大声をあげるのはやめてね」と言い、ほんとうに買います。そしてそのときにこう付け加えます。「お金を渡さないときは、買わないからね。そのときはがまんするのよ」。

このことを約束することにより、買ってもらえる日を明確にすることができます。まずは買わないことを学習させるのではなく、買ってもらえる状況を明確にすることにより、買わないことをがまんさせることのほうがやりやすくなります。それは子どもにも、買ってもらえるという見通しをつけられるからです。

でも、買わないと言ったときは買ってはいけません。そうしないと、子どもはどういう状況だと買ってもらえるのかがよくわからず混乱します。

Q8 タイムアウトがききそうにないのですが、どのようにしたらよいでしょうか。

どのような状況でタイムアウトがきかないのかを分析する必要があります。年齢的な問題で、うまくやれないということもあります。一つは年齢が低すぎて、タイムアウトができないこともあります。本書で紹介したしつけの方法は、言葉を使い出す3歳くらいから、上は中学生である15歳くらいまでに効果があります。もちろん、使い方によっては、どの年齢でも使えますが、工夫が必要となります。

後追いのある2歳くらいまでの子どもでは、タイムアウトで親子が離れるのがむずかしい場面もあります。よけいに後追いが激しくなり、疲れてしまったという声もあります。その場合、親子ともに落ち着ける方法を考える必要があります。抱っこして少し夜風にあたるとか、親によっては車でドライブしたという話もあります。

また、子どもが大きくなり、タイムアウトの指示に従えないという状況もあります。子どもが遊びに行くことで口論になり、子どもが親に反抗したあげく、勝手に外に飛び出すという状況です。この場合も、落ち着いて話し合う必要がありますが、時によっては、一人で対応することがむずかしい場合もあります。子どもと向き合ってきちんと話をしてくれる人を見つけるなど、いろいろな人に助けてもらうことが必要となります。

あとがき

本書は、アメリカで作られたペアレント・トレーニングを日本流にアレンジしたものです。エッセンスを残しながらも、私の経験と最新の科学的な方法をミックスして書きました。

私が本書のもとになったペアレント・トレーニングに出会ったのは一九九九年に米国を訪問したときでした。ちょうど、日本で児童虐待を防止するための法律が国会を通過した年でした。そのとき、米国の児童虐待に関わる専門職の方から、児童虐待の防止には、親に効果的なしつけの方法を身に付けさせることが重要、それを可能にするのがペアレント・トレーニングだと紹介され、日本に持ち帰りました。

それから、私の働いている児童養護施設「神戸少年の町」を中心に、児童虐

あとがき

待をしてしまった親を含む、子どものしつけに悩む人たちに、このペアレント・トレーニングを教えてきました。その経験から見えてきたのが、いかに多くの人が、子どものしつけで困っているのかという事実でした。子どもを生めば親になるかもしれません。でも、親になったから、子どもをうまく育てられるのかというと、そうではないのです。また、ほんのちょっとしたやりとりのまずさから、親子関係に深刻なダメージを与えてしまうこともあるのです。

そして、このペアレント・トレーニングを通して、しつけの具体的な方法を学ぶことで、多くの親が自信を取り戻していく姿を見ました。効果的なしつけの方法を学ぶことで、笑顔を取り戻せることがわかったのです。時には多くの時間が必要となります。でも、時間をかけることで、親子関係は再生していくのです。そこで、本書のタイトルを「むずかしい子を育てるペアレント・トレーニング――親子に笑顔がもどる10の方法」としました。すべての親に、親というものを、子育てを楽しんでもらいたい。笑顔を取り戻してもらいたいという願いです。

私は現在、妻とともに、「神戸少年の町」の地域小規模児童養護施設としてのファミリーホーム「野口ホーム」をしています。児童養護施設は全国におよそ590あり、約3万人の子どもが暮らしています。そして、この3万人というのは、70年代の第二次ベビーブームのときと同じ人数です。その当時より全体の児童数は減っていますので、入所する児童の割合が上がっていることを示します。割合を見ますと、全児童の550人に1人の児童が入所していることになります。そして、児童の入所理由を見ると、6割が児童虐待での入所となり、親子関係の難しさからの入所が多く見られるようになりました。

こういった子どもたちに家族を提供したいと思い、二〇〇三年から夫婦が児童といっしょに暮らすファミリーホームをしてきました。そして、これはすべて手探りの体験でした。実子がいない私にとり、ファミリーホームは自分の家族を作る喜びをいただく体験になったと同時に、子育ての難しさを突きつけられました。本書で紹介した失敗例の多くは、私自身の経験を書いたものです。こういった私の失敗は、本書に現実味を与えることになったと思います。私も困っていた、いや現在も何かいい手がないかと模索しているのです。

本書で紹介した方法は、私が実際に行ってみて、効果を実感したものだけを集めました。きっと皆さんの笑顔を取り戻すきっかけになると思います。

また、本書は子育てに悩むお母さんだけではなく、お父さんにもたくさんのヒントを提供します。また、児童養護施設といった児童福祉施設や保育所、そして学校といったところで働く方にも、子どもをしつける具体的な方法として参考にしていただけるのではないかと思います。

今回、妻の婦美子が、さまざまな場面に合わせてイラストを描いてくれたおかげで、本書が読みやすくなったと思います。感謝しています。

本書の出版にあたっては、本書の編集担当となった明石書店の神谷万喜子さん、深澤孝之さん、そして社長の石井昭男さんのご理解に感謝します。

また、最後に野口ホームで育つ、また育った子どもたち一人ひとりに感謝します。不器用なお父さんから、「ほんとうにありがとう」。

野口啓示

●著　者●

野口啓示（のぐちけいじ）

博士（社会福祉学）、社会福祉士、社会福祉法人神戸少年の町 地域小規模児童養護施設野口ホーム職員。

大阪府に生まれる。関西学院大学社会学部卒業。関西学院大学大学院社会学研究科前期博士課程、ワシントン大学社会福祉大学院（Washington University in St. Louis, School of Social Work）修士課程、および関西学院大学大学院社会学研究科後期博士課程修了。社会福祉法人神戸少年の町（児童養護施設）児童指導員、施設長を経て、現職。2003年から野口ホームを本書のイラストを描いた妻の婦美子さんと実践しながら、ペアレント・トレーニングの開発・普及に取り組む。

【主要著書】『むずかしい子を育てるペアレント・トレーニング【思春期編】』（明石書店、2015年）、『社会的養護の現状と近未来』（共著、明石書店、2007年）、『被虐待児の家族支援――家族再統合実践モデルと実践マニュアルの開発』（福村出版、2008年）。

●イラスト●

のぐちふみこ（野口婦美子）

社会福祉法人神戸少年の町（児童養護施設）保育士。

兵庫県に生まれる。神戸常盤短期大学幼児教育科卒業後、社会福祉法人神戸少年の町に保育士として勤める。2003年より野口ホームを設ける。以後、現在まで、夫の啓示さんと共に取り組む。

【主な著作活動】1990年度「全国コンクール手づくり絵本展」入選。2002年度「全国コンクール手づくり絵本展」優秀賞。著書に絵本『ほんとうにかぞく――このいえに養子にきてよかった』（明石書店、2005年）、絵本『ばいばい　おねしょまん』（明石書店、2008年）のほか、神戸新聞で子育てエッセイ「のぐちふみこのみんなで子育て」を月に１回連載（2012年４月～2013年９月）、イラスト「子育て応援ワークブック」（大阪府子ども家庭センター、2012年）がある。

むずかしい子を育てるペアレント・トレーニング
——親子に笑顔がもどる10の方法

2009年２月20日　初版第１刷発行
2015年12月10日　初版第12刷発行

著　　者　野口　啓示
イラスト　のぐちふみこ
発 行 者　石井　昭男
発 行 所　株式会社　明石書店
〒101-0021　東京都千代田区外神田6-9-5
電　話　03（5818）1171
FAX　03（5818）1174
振　替　00100-7-24505
http://www.akashi.co.jp/
組版／装丁　明石書店デザイン室
印　　刷　株式会社文化カラー印刷
製　　本　協栄製本株式会社

（定価はカバーに表示してあります）　ISBN978-4-7503-2934-5

きっぱりNO!で やさしい子育て

続 読んで学べるADHDのペアレントトレーニング

シンシア・ウィッタム 著　上林靖子、藤井和子 監修　門脇陽子 訳

■A5判／並製／280頁　◎1800円

『読んで学べるADHDのペアレントトレーニング』の著者 シンシア・ウィッタムが子育てに悩む親たちに贈る第2弾。成長するにつれ、子どもはいろいろな要求を口にし、実行しようとします。どうすれば効果的に子どもにNO!（ダメ!）といえるのか、そのテクニックを26の状況別にわかりやすくユーモアを交えながら解説。子育てに悩む親御さん、保育士さんや児童養護施設の職員の方々など子どもに日常的にかかわるすべてのおとなに贈る子育て本の決定版です。

内容構成

この本の使い方

どんなときでも「ノー」

かみつく／車の中でのトラブル／うそをつく／レストランでのわがまま／人前でのマナー／子どものためになること、ならないこと／ベッドタイムのぐずぐず／宿題をやらない／テレビの見過ぎ／テレビゲームやおもちゃ／好ききらい／お菓子

わが家の方針

悪いことば／「でも、みんなやってるよ」（ショッピングモールをぶらつく、そのほか危なっかしいこと）／親が不安を感じるもの（外泊、徒歩通学、PG13指定映画、ベビーシッターなど）／おかしな服装／ペット（飼えない場合）／ミュージック・ミュージック

多すぎ、やりすぎ

ブランド品／スーパーでのおねだり／「あと1回だけ!」／お金

まだまだ早い

お化粧／電話のトラブル／ピアス／子どもだけで“ホーム・アローン”／デート

用語集／監修者あとがき

〈価格は本体価格です〉

ばいばい おねしょまん

のぐち ふみこ さく・え

〈B5判／上製〉◎1600円

児童福祉施設に入所する被虐待児のなかには、夜尿症をはじめ基本的生活に問題をかかえる子どもが多い。かかわる大人は、あたたかく見守ることで安心感を育み、子どもの成長をうながすことができる。学齢前の子どもが親や援助者といっしょに楽しめる傑作絵本。

ほんとうにかぞく このいえに養子にきてよかった

のぐち ふみこ（さく・え）

◎1800円
A5判／上製

血がつながっていてもばらばらになる家族もあれば、血はつながっていなくても、長い年月をかけてゆっくりとそしてしっかりと「ほんとうのかぞく」になっていく人びともいる。虐待など困難な状況を生きる子どもたちの里親、養子縁組問題を考える格好の絵本。

〈価格は本体価格です〉

むずかしい子を育てる

ペアレント・トレーニング

思春期編

野口啓示 著　のぐちふみこ イラスト

■四六判／並製／232頁　◎1800円

一般に幼児向けと考えられているコモンセンス・ペアレンティングですが、実は、思春期の子育てにこそ威力を発揮します。子どもをコントロールするのではなく、子どものモチベーションをあげる方法を学びながら、スマホなど思春期に特有の問題を解決します。

内容構成

はじめに
第1章　子どもの問題って？
第2章　わかりやすいコミュニケーション
コラム1 がんばり表、誓約書、セルフ・モニタリング
第3章　予防的教育法
コラム2 5ステップの問題解決法
第4章　効果的なほめ方
コラム3 落ち着くヒント
コラム4 タイムアウト
第5章　問題行動を正す教育法
第6章　自分自身をコントロールする教育法
コラム5 家族会議
Q&A　こういう場合はどうしたらいいのでしょう？
あとがき

〈価格は本体価格です〉